W0086570

Dagmar Arendt

… und der
Mann im Mond
schaut zu

Gutenachtgeschichten zum Loslassen und Träumen

Mit Anleitungen und Übungen zum Autogenen Training

sowie zum Meditativen Atmen und Entspannen

SÜDWEST

INHALT

Vorwort 6

Entspannung und Harmonie 8
Woher der Stress kommt 10

   Wer daran schuld ist 12
   Wie man Stress vermindern kann 13

Meditatives Atmen und Entspannen . . 15

Neue Kraft schöpfen bei Krankheiten 18
Gesundheitliche Probleme bewältigen 20

   Die Entspannungsübung 20
★ Die wunderbare Kraft der Sonnenstrahlen 22
   Unterstützung bei der Genesung 24

Das Selbstwertgefühl steigern 26
Wenn Kinder sich ausgelacht fühlen 28

   Die Entspannungsübung 28
★ Dein geheimer See 30
   Abwertung oder Kritik? 34

Selbstvertrauen finden 36
Das Gefühl, versagt zu haben 38

   Die Entspannungsübung 38
★ Der geheimnisvolle Spiegel 40
   Aus Fehlern lernen 43

★ = Märchen zum Vorlesen

Probleme lassen sich lösen.............. 44

Konfliktsituationen überwinden................. 46

Die Entspannungsübung....................... 46
★ Die vertrauensvolle Begegnung mit der Fee 48
Individuelle Wege aus Konflikten................. 51

»Was ich alles kann«...................... 52

Selbstzweifel schwächen Zutrauen 54

Die Entspannungsübung....................... 55
★ Die Reise im Luftballon 56
Zutrauen in die kindlichen Fähigkeiten 61

Wissen, Mut und Kraft 62

Ängste erleben................................. 64

Die Entspannungsübung....................... 65
★ Der geheimnisvolle Wasserfall 66
Angstbewältigung 70

Von äußeren Reizen abschalten........ 72

Reizüberflutung durch Medien 74

Die Entspannungsübung....................... 75
★ Der Schmetterlingstraum 76
Richtiger Umgang mit Medien 80

Sich auf Veränderungen einlassen 82

Sich trennen müssen............................ 84

Die Entspannungsübung....................... 85
★ Die Leichtigkeit der Pusteblume 86
Trennungsängste überwinden 89

Für mehr schöne Träume 90

Wenn Kinder Alpträume plagen 92

Die Entspannungsübung 92
★ Das Reich der Einhörner 94
Träume verstehen lernen 97

Leistung bringen 98

Schulangst 100
Die Entspannungsübung 101
★ Im Land der Tintenfische 103
Den Leistungswillen fördern 106

Vom richtigen Umgang mit Gewalt . . . 108

Wie reagieren wir auf Gewalt? 110

Die Entspannungsübung 111
★ Im Tal der Riesen 112
Keine Angst vor Aggressionen 116

Familiäre Spannungen 118

Wie werden Konflikte in Familien verarbeitet? 120

Die Entspannungsübung 122
★ Im Paradies der weißen Robben 123
Eltern müssen auch mal streiten 126

Eigene Verantwortung üben 128

Schuldgefühle entwickeln und abbauen 130

Die Entspannungsübung 131
★ Der Tanz der Eisvögel 132
Auseinandersetzung mit Konflikten 136

Verhältnis der Geschwister

Verhältnis der Geschwister 138

Rivalität unter Geschwistern 140

Die Entspannungsübung 141
Waldfrieden 142
Familie in Harmonie 145

So schlafen alle Kinder besser ein 146

Ein Programm für Eltern und Kinder 148

Die positive Grundstimmung 148
Ritual des Umziehens 150
Loslassen und Einstimmen 151
Die Schmusetieratmung 152

Ein Wort an die Eltern 154

Anhang 158

Bildnachweis/Impressum 158
Register 159

Vorwort

Wenn Schlafstörungen auftreten, Körper und Geist bei unseren Kindern nicht zur Ruhe kommen, machen wir uns als Eltern Sorgen. Dabei findet man nicht leicht die Ursachen heraus. Häufig weiß das Kind selbst nicht, ob es schlecht träumt oder insgesamt unruhig ist, manchmal steckt eine noch nicht ausgebrochene Krankheit dahinter. Es kann aber auch ohne bestimmten Grund zu diesen Problemen kommen. Dann wird das familiäre Umfeld gestört, es kommt zu Konflikten, Zerreißproben, Wut und Zorn. Das angespannte Verhältnis wird vielleicht bis in die elterliche Partnerschaft hineingetragen. Das ist auch kein Wunder, wenn sich allabendlich ein Machtkampf anbahnt, man sich fühlt, als könnte man jeden Moment in die Luft gehen. Aber spätestens dann wird es Zeit, aus diesem Teufelskreis ganz bewusst auszusteigen, sich zurückzunehmen, endlich loszulassen und sich wirklich auf das Kind und seine Probleme zu konzentrieren.

Aufmerksamkeit, Liebe und ein Ziel

Eltern sind ihren Kindern gegenüber häufig in einer schwierigen Situation, wenn sie dem Kind alles recht machen wollen und ihm dabei jede eigene Verantwortung unbewusst entziehen.

Vielleicht können Sie sich einen Grundsatz zu eigen machen: Sparen Sie sich jede Kritik und Abwertung, nörgeln Sie nicht! Jeder von uns weiß und hat es selbst schon gespürt: Druck erzeugt Gegendruck. Gönnen Sie es sich, Ihrer Familie und Ihrem Kind, sich von diesem Leidensdruck des Nichteinschlafenkönnens zu lösen. Je nervöser, aggressiver, gehetzter Sie sind, desto unruhiger wird auch Ihr Kind. Versuchen Sie vielmehr ganz bewusst, Ihre Wahrnehmungen und Ihr Denken in eine andere, positive Richtung zu schicken, um offener werden zu können für den realen Auslöser der Problematik. Freuen Sie sich wieder auf Ihr Kind.

In kritischen Situationen oder Phasen sollten Sie sich bewusst machen, dass Sie nicht dafür da sind, jeden Bereich Ihres Kindes voll und ganz ausfüllen zu können. Lassen Sie ihm ruhig Raum für Phantasie und selbstständiges Handeln.

Erste Wege in die Selbstständigkeit

Erziehen bedeutet auch, dem Kind Schritt für Schritt beizubringen, für die eigenen Gefühle und Taten, selbst für Frustrationen, eigene Verantwortung zu übernehmen. So führen Sie Ihr Kind im Laufe seines Wachstums zu sich selbst, zu dem Bewusstsein, eine eigene Persönlichkeit zu sein. Nur in der Verantwortung sich selbst und anderen gegenüber erfährt ein Mensch, dass er andere nicht als Sündenbock miss- oder gebrauchen darf. Wer an sich arbeitet, kann so die meisten Probleme um sich herum selbst lösen. Gerade für die Phase der Regeneration, im Schlaf, muss dem Kind bewusst werden, dass es sich selbst gönnen darf, in einem tiefen, erholsamen Schlaf Kraft und Energie für den neuen Tag zu finden.

Gemeinsam zur Ruhe kommen

Die folgenden Loslassgeschichten zum Schlafen und Träumen sind für Kinder von fünf bis zehn Jahren inhaltlich gut geeignet. Die Entspannungsübungen und Körperwahrnehmungen sind in Geschichten eingebracht, die es den Kindern ermöglichen, sich leichter von den Anspannungen des Tages zu trennen und sich gelöster auf die Ruhe des Abends und der Nacht einzulassen.

Sollte Ihr Kind sehr unruhig auf die Geschichte reagieren, kann es oft helfen, die Stilleübung noch ein weiteres Mal vorzulesen.

Nehmen Sie sich noch ein paar Minuten Zeit für Ihr Kind. Gerade am Abend, wenn man sich für die Nacht verabschiedet, bedeutet ein Einschlafritual eine Stärkung der Beziehung zwischen Eltern und Kind. Lassen Sie gemeinsam den Tag ausklingen. Sie werden beim Vorlesen bemerken, dass auch Sie durch das bewusste Einspüren und Wahrnehmen von Atem und Körper gelöster und entspannter werden. Gemeinsam verstärkt sich so das Gefühl für Entspannung und Harmonie.

Die Geschichten passen zu verschiedenen Alltagssituationen und Stimmungen. Wählen Sie aus, welche Problematik auf Sie und Ihr Kind gerade am besten zutrifft und lesen Sie die Loslassgeschichten im Anschluss an eine Entspannungsübung laut vor. Sie sind jeweils am Rand mit dem Motiv eines Einhorns gekennzeichnet.

ENTSPANNUNG UND HARMONIE

 Wir nehmen sehr stark teil an dem, was um uns vorgeht. Besonders unsere Kinder, die noch mit all ihren Sinnen die Umwelt, das Leben um sie herum aufnehmen, finden immer weniger durch Ruhe und Entspannung zurück in die eigene Mitte. Für uns alle, ob alt, ob jung, Kind oder Erwachsener, ist es dringend erforderlich, ein Gegengewicht zu dieser Konzentration auf das Äußerliche zu schaffen, indem wir uns Zeit für uns selbst nehmen.

Woher der Stress kommt

»Ich bin total gestresst«, ist ein typischer Ausruf unserer Zeit geworden. Auch unseren Kindern ist Stress bereits wohlbekannt und der Begriff kein Fremdwort mehr. Ein wenig ist es aber eine Modeerscheinung, die man mitmacht, um »in« zu sein. Wer Stress hat, ist anerkannt, jeder weiß damit, wie wichtig und gefragt man ist. Nichts zu tun zu haben ist oft schon mit schlechtem Gewissen verbunden, welches das soziale Umfeld uns vermitteln möchte.

Leistungsdruck der werdenden Eltern

Das Zeitphänomen Stress betrifft heute leider nicht mehr nur Manager und Erwachsene in Karrierejobs. Auch Kindern wird durch zunehmenden Leistungs- und Freizeitdruck die Zeit für sich selbst genommen.

Fördermöglichkeiten für Kinder beginnen heute früher denn je. Die Medien verraten uns täglich etwas Neues in Bezug auf bestmögliche Förderung unserer Kinder. Schon in der pränatalen Phase, in der Schwangerschaft, sollen wir demnach unseren Kindern die Weichen für ihren späteren Erfolg stellen. Die »wirklich gute« Mutter nimmt sich Zeit für klassische Musik, verstärktes Körperbewusstsein, mentale Übungen und noch vieles mehr, um im Kontakt mit dem Ungeborenen die bestmögliche Verbindung und Förderung zu schaffen, die es benötigt, um als perfektes Kind geboren zu werden.

So entsteht hier schon für die werdenden Eltern im seelischen Bereich ein enormer Druck, alles unbedingt richtig zu machen. Bewusste oder auch unbewusste Ängste bilden den ersten Stressfaktor, der sich in der sich gerade aufbauenden Mutter-Kind-Beziehung verstärkt und sie in ihrer elementaren Verbindung zu dem Kind schon in Unsicherheit bringt. Der Perfektionismus, es dem Kind an nichts fehlen lassen zu wollen, verdrängt das eigene vertrauensvolle Zugehen auf das Neugeborene. Der elterliche Grundstein für die Wahrnehmung der eigenen Fähigkeiten und das Vertrauen in sich selbst, in seine eigene Intuition, gerät hier ins Wanken.

Sich Zeit lassen für die Beziehung zum Kind

Kaum ist das Kind geboren, schreien Still- und Krabbelgruppen, Babymassage, Entwicklungsförderungskurse – um hier nur einige beim Namen zu nennen – nach Mutter und Kind. Es entstehen von Anfang an äußere Stressfaktoren. Vor allem die Mutter hat bei dem Angebot Angst, dem Kind etwas Entscheidendes für seine seelische, geistige und körperliche Entwicklung vorzuenthalten, wenn sie anfängt zu selektieren, abzuwägen oder gar auszusteigen. Noch schwieriger wird die Situation und die Notwendigkeit auszuwählen, wenn sich Familienstrukturen verändern, Familienzuwachs ansteht, Haushaltspflichten und berufliche Ansprüche in Konkurrenz treten, Wünsche an den eigenen Freiraum nicht erfüllt werden können oder Beziehungszeit mit dem Partner zu kurz kommt. Die Mutter gerät in einen starken Konflikt zwischen der Hingabe für ihr Kind und eigenen Interessen. Solche Situationen können häufig zu Dauerstress der Eltern führen, was sich von den Kindern nicht fernhalten lässt.

Zu viel Stress, zu viel Hetze und Betriebsamkeit, zu wenig Zeit für Muße fördern schon bei Kindern eine ständig angespannte Haltung.

Kinder brauchen Entfaltungsmöglichkeiten

Mit wachsendem Alter der Kinder steigt die Auswahl an Beschäftigungsangeboten. Wer spielt heute noch Fußball? Modesportarten stehen dagegen hoch im Kurs und lösen sich in rasendem Wechsel ab. Wer dranbleiben will, muss stets bestens informiert sein, was gerade »in« ist. Gesellschaftliche Strukturen erlauben hier auch oft nicht, im Gewöhnlichen, Alltäglichen zu bleiben. Etwas Besonderes muss es schon sein. Und wieder einmal nimmt der terminliche Druck beim Kind zu. Diese fortwährende Hektik des noch kindlichen Alltags ermöglicht es nicht mehr, eine optimale Leistung zu bringen. Das Gleichgewicht von An- und Entspannung des Kindes ist erheblich gestört. Es kommt zu physischen und psychischen Störungen. Untersuchungen belegen, dass 30 Prozent aller Schulkinder Beruhigungs- und Aufputschmittel nehmen. Diese stammen nicht aus dem Bereich der Naturheilkunde, sondern sind harte Psychopharmaka.

Um von den eigenen Kindern Stress fernhalten zu können, müssen die Eltern eine entsprechende Atmosphäre schaffen. Ruhige Zeiten innerhalb der Familie, Phasen der Entspannung helfen allen Familienmitgliedern, zu sich selbst zu finden.

Die Gestaltung der freien Zeit, der sogenannten Freizeit, läuft für die Kinder wieder auf Stress und Hetze hinaus. Da liegt der Gedanke nahe, dass sich wahrscheinlich ein dunkler Abgrund von Leere und Einsamkeit auftut, wenn diese Betriebsamkeit und Geselligkeit einmal fehlt. Nicht mithalten zu können bei den ständigen gesellschaftlichen Anforderungen, ist ein wichtiger Stressfaktor unserer Zeit, für unsere Kinder.

Wer daran schuld ist

Unsere Kinder sind ein Spiegel der ganzen Gesellschaft. In der noch viel geistigeren und sensibleren Welt unserer Kinder existieren viele Störfaktoren, u.a. die Reizüberflutung der Medien, die digitale Entwicklung, die Dauerberieselung durch Lärm, der enorme Leistungsdruck durch immer höhere schulische Ansprüche. Kinder erfahren so viel Störendes von außen, dass sie nicht von einem Moment auf den anderen zur Ruhe kommen können. Das sollte jedem Erwachsenen klar sein, der sich mit Kindern beschäftigt. Das Kind braucht auch das Einspüren der Eltern auf Ruhe und Gelassenheit des Feierabends. Diese Symbiose mit dem Kind innerhalb der Familie vermittelt den nötigen Frieden, um gemeinsam den Tag abzuschließen und den Schlaf willkommen zu heißen.

Was Eltern falsch machen können

Es bedeutet für uns Erwachsene schon ein großes Maß an Selbstwahrnehmung, um in unserer hektischen, von Reizen überfluteten Welt zur Ruhe zu kommen. Spiegeln wir Eltern und Erzieher zusätzlich unbewusst nicht noch viel mehr inneren Druck, wenn wir ohne Vertrauen sind? Unsere Leistungsansprüche, unser Wunsch nach dem perfekten Musterkind, unsere nicht oder noch nicht erreichten Ziele projizieren wir unbewusst auf unser Kind. Wir fördern es dadurch nicht, sondern fordern es unnötig – und erzeugen bei ihm Stress.

Wie man Stress vermindern kann

Hören wir einfach damit auf, unser Kind ständig im »Visier« zu haben. Es leben die Kinder, die nicht ständig erzogen werden. Schenken wir ihm doch durch unser positives, vertrauensvolles Gedankengut das Gefühl, einfach o.k. zu sein. Allein durch das Bewusstsein, dass von außen kaum eine Reduzierung von Stressfaktoren kommen kann, vermag nur eine Person diesem Teufelskreis aus Hektik und Reizüberflutung ein Ende zu machen, nämlich wir selbst. Es liegt an Ihnen, den Stress zu vermindern und so wieder Freiräume in Ihrem Leben zuzulassen. Überprüfen Sie Ihre eigene Wahrnehmung: »Lass ich mich treiben von der Hektik der Zeit? Bin ich selbst nervös und unrastig, bin ich selbst oft rasend?« – Dann wäre es auch kein Wunder, wenn die eigenen Kinder unruhig und unkonzentriert wären, wenn ihre Motorik Sie fast zum Wahnsinn treibt.

Stressabbau geschieht in drei Stufen. Zuerst muss der Stress als solcher wahrgenommen, dann die Ursache gefunden werden. Der letzte Schritt ist, ein Alternativprogramm gegen den Stress aufzubauen.

Veränderungen beginnen bei jedem selbst

Es ist beruhigend zu wissen, dass das Kind ein Spiegel der eigenen Verhaltensmuster und Wahrnehmungen ist. Durch bewusste Veränderungen und dem Zurückkehren zu mehr Ruhe und Gelassenheit kann es gelingen, Verhaltensmuster und Wahrnehmungen zu erkennen und zu verändern.

Stellen Sie sich für eine Weile beharrlich das Ergebnis vor, das Sie erreichen wollen. Meistens entwickeln sich die Dinge dann auch so. Alles, was Ihnen widerfährt, können Sie ganz bewusst durch eigene Gedanken, Vorstellungen und Erwartungen beeinflussen. Sie haben die Wahlmöglichkeit, und Sie können zugunsten Ihrer Kinder Ihr Verhalten ändern.

Alle im Folgenden niedergeschriebenen Loslassgeschichten und körperlichen Entspannungswahrnehmungen sind sowohl für unsere Kinder als auch für uns selbst als Erwachsene kleine Wegbereiter der Ruhe und inneren Harmonie. Wenn Sie ruhig und entspannt werden, können Sie auch Ihrem Kind offener begegnen. Denken Sie daran: Ihre persönliche Ausstrahlung spiegelt sich in Ihrem Kind.

Ich wünsche Ihnen und Ihren Lieben viele entspannende und wohl tuende Sequenzen mit diesem Buch und zitiere, um einen Weg zum liebevollen Loslassen aufzuzeigen, aus dem Buch »Der Prophet« von Khalil Gibran:

Über unsere Kinder

Eure Kinder sind nicht eure Kinder.
Sie sind die Söhne und Töchter der Sehnsucht
des Lebens nach sich selber.
Sie kommen durch euch, aber nicht von euch.
Und obwohl sie mit euch sind, gehören sie euch
doch nicht.
Ihr dürft ihnen eure Liebe geben, aber nicht eure
Gedanken.
Ihr dürft ihren Körpern ein Haus geben, aber
nicht ihren Seelen.
Denn ihre Seelen wohnen im Haus von morgen,
das ihr nicht besuchen könnt, nicht einmal in
euren Träumen.
Ihr dürft euch bemühen, wie sie zu sein, aber
versucht nicht, sie euch ähnlich zu machen.
Denn das Leben läuft nicht rückwärts, noch
verweilt es im Gestern.
Ihr seid die Bogen, von denen eure Kinder als
lebende Pfeile ausgeschickt werden.
Der Schütze sieht das Ziel auf dem Pfad der
Unendlichkeit, und er spannt euch mit seiner
Macht, damit seine Pfeile schnell und weit fliegen.
Lasst euren Bogen von der Hand des Schützen auf
Freude gerichtet sein.
Denn so wie er den Pfeil liebt, der fliegt, so liebt
er auch den Bogen, der fest ist.

Meditatives Atmen und Entspannen

Das hektische Leben unserer Zeit spiegelt sich in allen Bereichen des Kindes wider. Wir Erwachsene tragen ein Vielfaches an Verantwortung, für unsere Arbeit, für unsere Familie, unsere Freundschaften. Wir tragen soziale, gesellschaftliche und politische Verantwortung. Selbst unsere Freizeitaktivitäten und die unserer Kinder verbrauchen oft eine Menge von unserer Aufmerksamkeit und unserer Energie.

Körperliche Warnsignale wie Schlafstörungen, Kopfschmerzen, verspannte Schultern oder ein allgemeines Erschöpfungsgefühl sind erste Warnsignale auf die Belastungen, denen wir ausgesetzt sind. Schon Kinder können unter solchen Symptomen leiden, wie ich es häufig in meiner Praxis erlebe.

Auf Alltagsbelastungen reagiert jeder Mensch anders. Ständige Anspannung kann zu körperlichen und auch psychischen Störungen führen, die sich nur mit gezielter Behandlung wieder beseitigen lassen.

Ruhepausen sind nötig

Für Kinder und Jugendliche ist es heute immer schwieriger, im Einklang mit ihren eigenen Fähigkeiten und Bedürfnissen zu leben. Das natürliche Selbstwertgefühl und das körperliche Ausdrucksvermögen wird in den Übungen zum Meditativen Atmen und Entspannen durch die bewusste Atemwahrnehmung verstärkt, Kreativität und Phantasie gefördert, Gedächtnis und Konzentrationsfähigkeit trainiert. Die Kinder erfahren: »Ich bin o.k., ich mag mich!« Sie werden aus dem Gefühl »Entspannung« positive Erfahrungen ziehen, besonders diejenigen, die nervös, hyperaktiv sind und schlecht einschlafen.

Positive Erfahrungen sammeln

Manche Kinder lassen sich schwer dazu bringen, sich auf die Übungen einzulassen, sie zappeln ständig herum, reden oft von Dingen, die gar nicht Thema sind, lenken ab. Sollten Sie bei Ihrem Kind Blockaden spüren auf die Übung einzugehen, üben sie keinen Druck aus. Lassen Sie sich selbst mit ein auf die

Entspannungs-übungen dienen als Vorbeugung gegen Krank-heitserschei-nungen und unterstützen auch die Behand-lung von bereits eingetretenen geistigen oder körperlichen Störungen.

Entspannungsübungen zu den Loslassgeschichten. Durch ihr eigenes Beispiel wird das Kind allmählich empfänglich und verweigert nicht länger die Ruhephase. Jede Ruheübung dauert nicht länger als fünf Minuten. Die anschließende Loslassgeschichte kann dann, in dem Potenzial der Ruhe und Gelassenheit, mit allen Sinnen des Kindes aufgenommen werden.

Warum Meditation?

Die Elemente des Meditativen Atmens und Entspannens sind eine harmonische und dynamische Zusammensetzung von Meditation, Yoga, Atemarbeit, isometrischen Spannungsübungen, autogenem Training und Förderung des Körperbewusstseins. Das Kind soll mit allen seinen Sinnen an sich selbst eine bewusstere ganzheitliche Wahrnehmung erfahren.

Die Übungen sind speziell darauf ausgerichtet, Spannungen und Blockaden abzubauen und den Energiefluss wieder herzustellen, um ein psychisches und physisches Wohlgefühl zu erreichen.

Durch regelmäßiges Anwenden der einzelnen Übungen lassen sich daher Anspannungen des Kindes abbauen, auch eventuelle Schmerzzustände lindern, die Körperhaltung und Atmung korrigieren und so wird die persönliche Entfaltung gefördert.

Zum eigenen Körper finden

Durch bewusstes, tiefes und vor allem richtiges Atmen, kombiniert mit gezielten und schonenden Dehnungen, lösen sich Verspannungen und äußere und innere Blockaden. Die Durchblutung und die Selbstheilungskräfte werden angeregt, und das allgemeine Wohlbefinden steigt, da die eigene Mitte, die innere Balance schneller und leichter erreicht wird.

Mit Hilfe von geistigen und seelischen Entspannungsmethoden wie Visualisierungen, das heißt ein bildhaftes Vorstellen von bestimmten Situationen oder Lebewesen, werden alle uns zur Verfügung stehenden Kräfte angeregt. Durch sie soll körperliches und seelisches Wohlbefinden erlangt werden.

Hilfe zur Selbsthilfe

Durch das Meditative Atmen und Entspannen wird die eigene Wahrnehmung der Kinder geschult, werden eigene Bedürfnisse positiv verstärkt und bewusst gemacht. Die Technik ermöglicht es den Kindern, nur durch das eigene Wahrnehmen von Empfindungen in tiefere Entspannungssequenzen zu gleiten. Sie lernen, sich in sich selbst zu versenken, abzuschalten, den Alltag zu vergessen und aus dieser inneren Ruhe heraus neue Erkenntnisse oder Lebensfragen zu beleuchten. Auf diesem Weg treten belastende Ereignisse immer mehr und mehr in den Hintergrund.

Gerade Kinder haben die Fähigkeit, sich noch mit Leib und Seele in ein Spiel zu versenken oder sich vollkommen selbst in einer Geschichte zu finden. Sie können eine eigene Identität und vor allem das Fazit aus der Loslassgeschichte mitnehmen in ihre reale Welt. Das ermöglicht es ihnen, sich leicht und mühelos auf eigene positive Kräfte zu besinnen, um Lösungen und neue Möglichkeiten und Chancen im eigenen Leben umzusetzen und zu realisieren.

Die Kinder lernen durch die Übungen, dass sie Belastungssituationen längfristig anders begegnen, Körpersignale früher wahrnehmen und so ihre physische und psychische Gesundheit stärken.

Kindliche Ruhe wieder finden

Meine Erfahrungen aus eigener Praxis zeigen, dass Kinder durch das Anwenden von Übungen aus dem Meditativen Atmen und Entspannen physisch und psychisch stabiler werden und ein höheres Selbstwertgefühl entwickeln. Das Verhalten der Kinder wird rücksichtsvoller, bewusster und friedfertiger. Die Kinder entdecken auf Dauer, wie schön es ist, sich selbst als besten Freund oder beste Freundin anzunehmen und zu begegnen, mit allen Fehlern und Talenten und Begabungen. So lernen sie, an eigenen Defiziten zu arbeiten, und können dadurch auch ihren Mitmenschen auf Dauer anders begegnen. Die Harmonie in der Familie und dem Umfeld des Kindes wächst. Es macht die Erfahrung, dass der Frieden, den es in seinem äußeren Lebensraum erfährt, durch eigene innere Zufriedenheit entsteht und durch den harmonischen Umgang mit anderen verstärkt wird.

NEUE KRAFT SCHÖPFEN BEI KRANKHEITEN

 Unseren Kindern ein positives Weltbild zu vermitteln, ist eines der besten Dinge, die wir ihnen auf ihren Lebensweg mitgeben können. Darum versuchen wir stets, auf ihre seelischen Nöte einzugehen. Jede Krankheit, jedes gesundheitliche Problem unserer Kinder, bringt uns zu diesen Aufgaben zurück. Gönnen wir ihnen, durch Ruhe und möglichst wenig Hektik, ihre Selbstheilungskräfte zu aktivieren.

Gesundheitliche Probleme bewältigen

Eine gesunde Seele wird nicht krank, sagt man. Daran scheint etwas Wahres zu sein. Wie oft werden unsere Kinder krank, wenn Konflikte in unserem Umfeld, in Zeiten persönlicher Krisen und Auseinandersetzungen, auftreten. Gerade dann, wenn das Leben uns ohnehin schon schwer genug gemacht wird, wenn es eigentlich gar nicht in unseren »Zeitplan« passt, werden auch noch die Kinder krank. Woher soll man jetzt als Eltern auch noch die nötige Energie für eine Genesung aufbringen? Wir wissen gar nicht mehr, wie wir das Kranksein organisieren können.

Aber ist nicht jede Krankheit unserer Kinder auch für uns die Möglichkeit, uns wieder auf unsere familiäre Insel zurückzubesinnen und zurückzuziehen? Sehen Sie diesen Einbruch in Ihrem Familienleben als Chance, dem Kind das zu geben, was Ihnen selbst abhanden gekommen ist: weg von der Anspannung hin zur Entspannung. Die äußere Störung hat ihren inneren Defekt. Krankheit entsteht leichter, wenn man in Anspannung und Stress lebt. Mit der aufgezwungenen Entspannungsphase gemeinsam mit Ihrem Kind finden Sie leichter wieder zu Glück und Zufriedenheit und zu Ihrer Stärke zurück.

Für die Entspannungsübung mit dem Kind sollte man sich ein wenig Zeit lassen und sich ganz auf das Geschehen konzentrieren. Das hilft Eltern und Kind gleichermaßen, zu sich selbst zu kommen.

Die Entspannungsübung

Die folgende Ruheübung erleichtert Ihrem Kind, den Übergang von der Anspannung des Tages hin zur Entspannung zu finden. Es kann sich so besser einlassen auf innere Harmonie und Gelassenheit, die es aus den Loslassgeschichten schöpfen und verinnerlichen kann.

Sorgen Sie für eine behagliche Atmosphäre, dimmen sie ein wenig das Licht, so dass ein Klima von Wohlbefinden entstehen kann. Lesen Sie nun langsam und deutlich vor:

Leg dich auf den Rücken und lass dich ein auf deinen Atem. Du fühlst deinen Atem, wie er in dich einfließt und aus dir herausströmt. Mit jedem Atemzug sinkst du tiefer und tiefer in die Unterlage hinein, Atemzug für Atemzug.

Du fühlst deinen Atem, wie er in dich hineinströmt, über den Rachen, den Hals, deinen Brustkorb bis tief in deinen Bauch. Auf dem gleichen Weg entweicht dein Atem auch wieder. Bei jedem Ausatmen lässt du ganz bewusst alle Anspannungen des Tages aus dir herausströmen, so dass bei jedem Einatmen die Ruhe und Gelassenheit in deinem Körper und Geist zunehmen. So sinkt mit jedem Atemzug dein Körper tiefer und tiefer.

Leg dir nun beide Hände auf den Bauch und fühle ganz deutlich, wie sich beim Einatmen dein Bauch hebt und beim Ausatmen wieder senkt. Heben und Senken geschehen ganz von selbst, ganz leicht und mühelos, ein und aus. Einfach nur geschehen lassen, einfach nur atmen, einfach nur sein.

Du fühlst nun, wie du mit jedem Atemzug immer ruhiger und harmonischer wirst. Die Erlebnisse deines Tages treten immer mehr in den Hintergrund, werden für dich immer gleichgültiger und gleichgültiger, du fühlst nur noch deinen Atem, der dir Ruhe bringt.

Leg dir nun deine Hände ein Stück weiter nach oben, und zwar auf den unteren Rippenbogen, und auch dort fühlst du nun ganz deutlich, wie sich beim Einatmen dein Rippenbogen hebt und beim Ausatmen senkt. Auch in diesem Körperbereich geschieht das Atmen ganz leicht, mühelos und ohne Kraft. Der Kontakt deiner Hände auf deinem Körper ist dir angenehm, ganz sanft nimmst du dieses Heben und Senken, dieses Ein und Aus deines Atmens wahr.

Noch ein Stück weiter nach oben legst du nun deine Hände, nebeneinander auf den Brustkorb. Wieder fühlst du ganz deutlich, wie sich beim Einatmen dein Brustkorb hebt und beim Ausatmen wieder senkt. Ganz deutlich bist du wieder mit deinen Händen verbunden, mit deinem Energiefluss.

Dein Körper atmet nun ganz von selbst, ganz von allein, ist wohlig warm und entspannt, und du ruhst, ruhst ganz tief aus.

Das Kind liegt bei dieser Ruheübung ausgestreckt auf einer weichen Unterlage und fühlt mit seinen Händen den Atemfluss im Körper nach.

Die wunderbare Kraft der Sonnenstrahlen

► Es war einmal in einem fernen Erdteil, ganz weit im Osten, in einer fast vergessenen Zeit. Die Menschen dort besaßen alles, was man sich nur vorstellen und wünschen konnte. Nur eines konnten sie nicht ihr Eigen nennen, etwas, das sie sich aus tiefstem Herzen wünschten: den Tag, das Licht, die Sonnenstrahlen. Die Menschen dort lebten nämlich in der Dämmerung und in der Dunkelheit. All die Dinge, die sie sich kaufen konnten, machten sie nicht glücklich. Diese Menschen wünschten sich nichts sehnlicher, als dass der Sonnenaufgang, Sonnenstrahlen, Wärme und Wohlbefinden durch ihren ganzen Körper und Geist fließen könnten.

Der Natur um sie herum fehlte für ihr Wachstum die Sonne, so dass den Bäumen die Blätter fehlten, dem Boden das Gras und keine Blumen wachsen konnten. Auch die Tierwelt konnte sich nicht entfalten. Es gab kein Vogelgezwitscher, keine Bienen, die summten, keine Schmetterlinge, die in Leichtigkeit mit dem Wind spielten.

Es lebte dort, in ein langes, wallendes Feengewand gekleidet, eine junge Frau, die in der Abgeschiedenheit einer Lichtung in einem großen, gelben Haus wohnte. Diese Frau traute sich alles zu, da sie aus langer, langer Überlieferung wusste, dass alles, wirklich alles, was sie sich wünschte und vorstellte, auch in Erfüllung ging. Sie verbrachte viel Zeit mit sich selbst, nahm sich Zeit für ihre Gedanken und Gefühle, und vor allem wollte sie immer ganz nah mit ihrem Atem und mit ihrer Wahrnehmung in Verbindung sein. Sie war sich selbst eine gute Freundin und eine liebe Begleiterin, da sie sich annahm, wie sie wirklich war.

Einmal, als sie nun wieder so da lag, ihren Atem spürte, den Bauch, wie er sich beim Einatmen hebt und beim Ausatmen senkt, sich auch immer schwerer und schwerer fühlte, kam ihr ein Gedanke, ein Gefühl, eine Wahrnehmung. Sie bräuchte nur in Gedanken Verbindung aufzunehmen mit einem Kind in einer – vielleicht auch sehr entfernten – ganz anderen Welt. Ein Kind, welches sich momentan auch nicht so wohl fühlt, vielleicht etwas vermisst, auch erfüllt ist von einer bestimmten Sehnsucht, einem bestimmten Wunsch. So, wie sich diese Feengestalt die Sonne wünschte, so intensiv und stark sollte sich dieses Kind mit seinen ganzen Seelen- und Sinnenkräften Gesundheit wünschen. Und die Fee spürte, sobald die Verbindung zu diesem kleinen, reinen Menschenwesen existierte, würde auch in ihrem Land die Sonne wieder scheinen.

Könnte es vielleicht sein, dass sie in dir den Meister ihrer Welt gefunden hat, das Zauberwesen, welches die Kraft hat, dass es alles schafft, dass es diese fremde Welt erlöst von der Dämmerung? Spüre doch in deinen Körper hinein und sei offen für die geheime Botschaft.

Spürst du die Sonnenstrahlen, die so langsam durch deinen Körper fließen und ihn erwärmen? Stell dir vor, wie über dir die gelbe Sonne am Himmel zu strahlen beginnt, schließe einfach die Augen. Versuche die Sonne zu spüren, die dir, besonders, wenn du dich krank fühlst, heilende, wärmende Strahlen schickt.

Diese Strahlen durchfluten deine Arme und Hände, deine Schultern, deinen Rücken, das Gesäß mit immer wärmenderen, heilenderen Strahlen. Du beginnst aus der Mitte heraus zu strahlen. Du fühlst dich nur wohl und geborgen. Und diese heilenden Strahlen der Sonne laufen weiter durch deinen Körper in die Beine und Füße, und auch dort nimmst du die gleiche heilende Wärme wahr. Dein ganzer Körper wird durchflutet von diesen heilenden, wärmenden Sonnenstrahlen. Spüre nun einmal in den Bereich deines Körpers hinein, der dir Schmerzen verursacht, schicke auch dort die Sonnenstrahlen hin, und lasse vertrauensvoll los.

Stelle dir das liebevolle Feengesicht vor, das sich mit dir freut, dass es dir gut geht. Du bist der Mittelpunkt ihrer Welt. Ihr seid in Verbindung, da deine Sonnenstrahlen sie erreichen, denn du hast die Kraft, die alles schafft.

Die Fee blickt sich um und nimmt wahr, dass die Natur um sie herum zum Leben erwacht. Sie sieht das Grün der Bäume, das Gras, die vielerlei Farben der Blumen, sie hört die Bienen summen, Vögel zwitschern, sie hört das Volk, die Menschen, die um sie herum leben, tanzen und musizieren, jubeln und lachen. Die ganze Schwingung um sie herum ist getragen von Fröhlichkeit.

Die Fröhlichkeit und Dankbarkeit dieser Menschen sollen deine Begleiter sein. Vergiss nicht, dass du aus deiner inneren Kraft heraus gut für dich selbst sorgen kannst, dass du die Verantwortung für dein Wohlergehen mitträgst, dass du es bist, der so vielen Menschen Sonne und Wärme in ihr Leben gebracht hat. Nimm nun diese Wärme und Leichtigkeit mit in deine Welt, in deinen Schlaf, in dem sich alle deine Selbstheilungskräfte frei entfalten können!

Kinderkrankheiten müssen Eltern nicht voller Sorge und Selbstzweifeln begegnen. Hingegen braucht das kranke Kind Fürsorge und Zuwendung.

Unterstützung bei der Genesung

Von klein auf erfahren wir an unseren Kindern, dass wir Eltern sie vor Krankheiten nicht schützen können. Zunächst sind es die typischen »Kinderkrankheiten« wie Scharlach oder Windpocken, aber auch Fieber, Angina, Schnupfen. Darüber müssen wir uns keine Sorgen machen. Ein krankes Kind bedeutet nicht, dass es schwächlich und ohne Abwehrstoffe wäre. Sie haben es nicht falsch ernährt, zu wenig an die Luft gebracht oder sonst vernachlässigt, nur weil es sich einen Schnupfen im Kindergarten geholt hat.

Im Gegenteil: Haben Sie schon einmal mitverfolgt, wie kleinere Kinder nach einer Krankheit häufig einen enormen Entwicklungsschub vollzogen haben. Sie scheinen in ihrer Krankheit Kraft zu schöpfen für ihre weitere Entwicklung. Plötzlich sind sie ein Stück reifer, zusätzlich zu ihrer Genesung.

Wozu Krankheit gut sein kann

Wenn Sie bemerken, dass Ihr Kind krank wird oder krank ist, gönnen Sie ihm auch die Zeit, wieder gesund werden zu können. Wenn Sie darüber hinaus feststellen sollten, dass die Krankheit in eine Phase der Anspannung in der Familie, in unruhige Zeiten in der Schule, private Auseinandersetzungen oder Probleme unter Erwachsenen fällt, sollten Sie sie ruhig als kindliche Reaktion verstehen. Geben Sie Ihrem Kind das Gefühl, dass es durchaus in Ordnung ist, die Krankheit als Ventil zu sehen, die einfach zu viel Druck wieder loslässt. Der innere Druck kann über eine Krankheit nach außen entweichen. Das Kind gibt Ihnen mit seiner Krankheit die Chance, wieder zu Ruhe und Gelassenheit zu finden. Sie können Kraft tanken, wie Ihr Kind es automatisch durch seinen Zustand tut.

Krankheit bedeutet eine Auszeit für den Patienten. Man klinkt sich damit für eine Weile aus dem Alltagsgeschehen aus und möchte Zeit für sich selbst gestattet bekommen.

Wie wird ein krankes Kind wieder gesund?

Die Heilung kann immer nur durch das kranke Kind selbst kommen. Wecken Sie das Bedürfnis Ihres Kindes nach Gesundheit! Setzen Sie positive Impulse:

★ Zeigen Sie Ihrem Kind, dass Sie gerne mit ihm zusammen sind.

★ Seien Sie geduldig.

★ Nehmen Sie sich Zeit.

★ Ermuntern Sie Ihr Kind dazu, von sich selbst zu sprechen.

★ Stellen Sie sich mit Ihrem Kind vor, wie schön es ist, wieder gesund zu sein.

★ Stellen Sie sich gemeinsame Unternehmungen vor (den lang geplanten Ausflug oder das schon heiß ersehnte Picknick).

DAS SELBST-WERTGEFÜHL STEIGERN

Fühlen Sie den Selbstwert Ihres Kindes untergraben? Wirkt Ihr Kind unsicher und gehemmt? Gerade, wenn Ihr Kind sich in solchen Phasen befindet, in denen es Kritik ausgesetzt ist, schenken Sie ihm zusätzlich Geborgenheit und Aufmerksamkeit! Kritik ist nicht nur negativ. Sie gibt dem Kind die Möglichkeit, eigene Verhaltensmuster anzu-schauen und von seinen bisher erlernten Fähig-keiten Gebrauch zu machen.

Wenn Kinder sich ausgelacht fühlen

Kritik erfahren Kinder in jungen Jahren meist noch als Ablehnung ihrer Person. Deshalb reagieren sie sehr heftig darauf oder ziehen sich plötzlich ganz zurück.

Leider ist es bekannt, dass die meisten der psychischen und physischen Störungen unserer Kinder, seien es Minderwertigkeitsgefühle, Aggressivität, Konzentrations- und Schlafprobleme, Muskelticks oder Sprachschwierigkeiten – um hier nur einige Beispiele aus der Praxis zu nennen –, immer auch ein Problem der Eltern und der dadurch bedingten Erziehung sind. Eigene Unsicherheiten, Ängste und Konflikte übertragen wir im Alltag des Miteinanderlebens auf unsere Kinder.

Auch Kritik muss gelernt werden

Kinder, die in ihrer Entwicklung noch ganz am Anfang stehen und damit natürlich auch in ihrem seelischen und geistigen Reifungsprozess erst noch Erfahrungen sammeln müssen, reagieren auf Kritik sensibel und je nach Persönlichkeitsstruktur hochgradig empfindlich. Sie fühlen sich als Person kritisiert und damit abgewertet. Die Trennung der emotionalen Ebene von der Ebene der Sachlichkeit wurde noch nicht vollzogen, so dass auch eine rein sachliche Kritik als Abwertung des eigenen Ich verstanden wird. Das wirkt umso destruktiver auf die Seele des Kindes, je weniger Selbstwert und Eigenliebe in ihm schon entwickelt und gefördert wurden.

Die Entspannungsübung

Machen Sie mit Ihrem Kind vor dem Vorlesen der Loslassgeschichte eine Ruheübung. Es findet so leichter den Übergang von der Anspannung des Tages hin zur Entspannung. Es wird sich besser einlassen können auf die innere Harmonie und Gelassenheit, die es aus den Loslassgeschichten schöpfen und verinnerlichen kann. Schaffen Sie eine behagliche, warme und ruhige Umgebung. Lesen Sie langsam und deutlich vor:

Leg dich auf den Rücken, lass deinen ganzen Körper schwer in deine Unterlage hineinsinken. So fühlst du deinen Atem, der beim Einatmen tief in deinen Bauch strömt. Nimm wahr, dass sich dabei dein Bauch hebt, und lass deinen Atem wieder aus dir herausströmen. Dabei fühlst du wieder, dass sich dein Bauch senkt. Heben und Senken geschehen wie von selbst, ganz leicht und angenehm. Es atmet dich!

Mit jedem Atemzug, den du fühlst, wird dein ganzer Körper schwerer und schwerer, schwer wie Blei. So fühlst du deinen Atem, der in dich hineinströmt, über deinen Rachen, deinen Hals, deinen Brustkorb bis tief in deinen Bauch, und der auf dem gleichen Weg auch wieder aus dir herausströmt.

Du spürst beim Einatmen durch das Heben deines Bauches die Weite deines Atems. Mit jedem Atemzug lässt du dich mehr und mehr treiben, genießt es, nichts tun zu müssen, nichts denken zu müssen, und so fühlst du nur noch deinen Atem, der dir Ruhe bringt. Es atmet dich, ganz von allein, mühelos leicht und unbeschwert.

Deine Augen sind wie von selbst geschlossen, sind auch ganz müde und schwer geworden. Lege nun deine Arme seitlich an deinen Körper, die Handflächen nach oben geöffnet. Stell dir vor, wie du jedesmal, wenn du einatmest, mit deinen Händen Energie aufnimmst und beim Ausatmen ganz leicht wieder Energie abgibst. Beim Einatmen sind deine Handflächen ganz weit geöffnet, um sich beim Ausatmen wieder zu schließen. Ganz leicht und mühelos öffnen sich deine Hände in dem Moment, in dem du einatmest und schließen sich in dem Moment, in dem du ausatmest. Es ist, als wären deine Hände ein Gefäß, mit welchem du all die Energie, die du für deinen Tag, für deine Wünsche und Träume benötigst, aufnehmen kannst, unendlich viel Atem, ganz leicht und mühelos.

Öffnen und Schließen geschehen ganz von selbst, ganz leicht und mühelos strömt dein Atem tief in deinen Bauch und ganz leicht wieder aus dir heraus. Es atmet dich!

Dein Körper atmet nun ganz von selbst, ganz von allein, er ist wohlig warm und entspannt, und du ruhst, ruhst ganz tief aus.

Durch entspanntes Atmen kann dem Körper Energie zugeführt werden. Die Bewegung der Hände beim Ein- und Ausatmen unterstützt die Vorstellung, dass der Körper Kräfte sammelt.

Dein geheimer See

▶ Eine Landschaft, die nur du alleine in deiner Gedankenwelt sehen kannst, ist eingebettet in helles Licht. Du liegst in der grünen Wiese, fühlst dich ganz sicher getragen von dem Boden unter dir. Dein Körper fühlt sich ganz angenehm wohl mit dem Kontakt zum Boden. Dein Blick geht zum blauen Himmel empor. Du siehst die gelbe Sonne, die ihre Strahlen ganz freundlich über die ganze Landschaft schickt. Über dir fliegen Zitronenfalter voller Hingabe mit dem Wind, ganz sanft auf und ab, leicht und gleichmäßig hinauf und hinunter. Durch dieses gleichmäßige Hin und Her spürst und fühlst du auch ganz bewusst deinen Atem, der in dir ein und aus fließt.
Du hörst das Vogelgezwitscher, das Rauschen der Bäume im Wind, fühlst dich ganz eins mit der Natur.
Voller Leichtigkeit stehst du auf, da hörst du ein leises Geplätscher und Gemurmel von Wasser. Du gehst näher heran, schaust dich um und siehst, wie aus einem Felsen eine kleine Quelle entspringt, der Ursprung eines Gebirgsbaches. Du setzt dich ans Ufer der Quelle. Da hörst du auf einmal ein Rascheln und siehst ein kleines, weißes Häschen im Gras liegen. Es hat wunderschöne, blaue Augen. Aber es ist, als blickst du in einen See voller Traurigkeit, so hilflos wirkt es auf dich.
Als es bemerkt, dass du es anschaust, läuft es nicht weg, sondern es flüstert: »Gut, dass ich dich treffe, ich habe lange schon auf dich gewartet. Ich möchte mit dir zusammen meinen Mut und meine Stärke wieder finden. Die anderen Tiere im Wald haben mich abgewertet und ausgelacht und mir dadurch meinen Mut und meine Stärke genommen. Ich schaffe es nicht, ich kann es nicht, sind deshalb meine ständigen Gedanken.«
»Ob du da in mir den richtigen Begleiter gefunden hast?«, beginnst du ganz zaghaft. »Weißt du, Mut und Stärke sind auch mir schon oft abhanden gekommen. Ich zweifle selbst oft genug an meinen eigenen Fähigkeiten.« »Ich spüre deine innere Kraft«, sagt das Häschen. »Ich weiß, du hast die Kraft, die alles schafft.«

Vertrauensvoll kuschelt sich das Häschen an dich. Ganz angenehm überkommt dich das wohlige Gefühl von Wärme und Geborgenheit. Ganz angenehm überrollt diese Welle der Geborgenheit und Wärme deinen Kopf, die Schultern, Arme, Hände, den ganzen Rücken, deine Beine und Füße. Auch das Häschen genießt es, dieses gute Gefühl mit dir zu teilen.

Mit jedem Atemzug nimmt in dir das Wohlbefinden zu, anderen Halt und Stütze zu geben. Denn du weißt ja, du hast die Kraft, die alles schafft! Voller Begeisterung hörst du von dem Häschen: »Die weise Eule aus dem Wald erzählte, dass früher die Menschen glaubten, es gäbe heilige Quellen, die in einem geheimen See enden. Dieses heilige Quellwasser reinigt alle Wunden an Körper und Seele, um sich selbst anzunehmen, wie man wirklich ist, mit all seinen Fähigkeiten, aber auch Schwächen und Fehlern: als wundervolles Lebewesen. Dieses reinigende Quellwasser kann man trinken, sich damit waschen, manchmal soll man auch das Bedürfnis spüren, darin zu baden.«

»Liebes Menschenkind«, schnuffelt ganz vertrauensvoll das Häschen, »begleite mich doch auf meiner Suche nach dem geheimen See. Fühlst du auch in dir die gleiche geheime Sehnsucht, wie schön es doch wäre, wenn man sich selbst annehmen könnte, wie man wirklich ist? Sich selbst immer sagen zu können: Ich bin o.k.! Sich ganz frei machen zu können von der Kritik anderer, von dem Gespött und der manchmal üblen Nachrede?«

»Ja, wir werden uns gemeinsam auf den Weg machen, den geheimen See zu finden.« So verlasst ihr beide den Ursprung der Quelle. Ein kleines Bächlein schlängelt sich den Berg hinunter, dem ihr folgt.

Schau dich nur um, wie schön es hier ist. Die Sonne lacht, es ist angenehm warm, das Gras ist grün, du fühlst deine Füße auf der Wiese, und viele bunte Blumen säumen deinen Weg. Das Häschen wirkt nun auch schon um vieles munterer, nachdem es sich auf den Weg gemacht hat, sein Ziel zu finden. »Glaubst du, dass es noch sehr weit ist?«, fragt es. Aber schon im gleichen

Moment, der Bach macht eine kleine Krümmung, liegt der
geheimnisvolle See vor euch.

Man kann sich gar nicht satt sehen an so viel Schönheit. Ruhig
und klar strahlt das leuchtende Blau des Wasserspiegels, grüne
Bäume und Sträucher umrahmen den See. »Dies ist ein verzau-
berter See«, hörst du eine innere Stimme, »er wird gespeist aus
heiligem Quellwasser, welches alle Wunden an Körper und
Seele, jede Kränkung und Traurigkeit, jedes Verzagtsein heilen
kann. Trinke von diesem wundertärigen Wasser, reinige dich
damit, und, wenn du willst, bade darin.«

Auch das Häschen ist noch neben dir. Es bleibt ganz ehr-
furchtsvoll am Ufer stehen. Ihr atmet beide einen Moment tief
ein und aus. Ihr fühlt, wie der Atem Kraft und Energie in eure
Körper bringt. Wie von diesem

Energiestoß angetrieben, stürmt ihr beide völlig losgelöst in
diesem Gefühl der Freiheit ins Wasser. Lange hast du dich nicht
mehr so herrlich gelöst und frei gespürt, so beschwingt jauch-
zend und prustend gesehen. Von einer immensen Fröhlichkeit
angetrieben, tauchst du lautstark immer wieder im erfri-
schenden Wasser unter. Die ganze wunderbare Welt könntest
du umarmen. Du machst von dieser phantastischen Möglichkeit Gebrauch, dich in diesem geheimnisvollen Quellwasser
von allem, was dich ärgert und stört (und das ist eine ganze

Menge) zu befreien. Du fühlst dich von einer Leichtigkeit durchflutet, dass du meinen könntest, jeden Moment von dieser Erde abzuheben.

Dem Häschen scheint es ganz ähnlich zu gehen, es schlägt Saltos im Wasser, manchmal siehst du nur seine kleinen, rosa Ohren auf der Wasseroberfläche hin und her tanzen manchmal nur sein kleines, weißes Schwänzchen, so voller Lebensfreude, als wäre es total übergeschnappt. Es ist ein wunderbares Lebensgefühl, sich so treiben zu lassen, an nichts denken zu müssen, nichts tun zu müssen – einfach nur loszulassen. Von dem Wasser trinken, sich waschen und baden – das ist wie die Leichtigkeit des Seins.

Nachdem ihr euch genug ausgetobt habt, schwimmt ihr ans Ufer zurück. Ihr blickt euch noch einmal um und seht, wie ein kleines, schwarzes Rinnsal zurückgeblieben ist. Eure alten Wunden an Körper und Seele habt ihr zurückgelassen. Sie fließen jetzt weiter mit dem Bach ins Tal hinunter.

Du liegst nun mit der ganzen Schwere deines Körpers am Ufer und genießt es, dich tragen zu lassen. Fühle, wie dein Atem ganz leicht und mühelos durch den Körper fließt, und mit jedem Atemzug fließt Ruhe in deine Körperseele. Du darfst nun wirklich ganz ruhig und gelassen sein. Auch dem Häschen scheint die Sonne ganz warm auf seine Pfoten, seinen Bauch, den ganzen Körper. Es ist ganz ruhig und atmet gleichmäßig und tief immer wieder ein und aus. Ihr seht euch an, und es ist wie ein kleiner Blitz zwischen euch. So viel gemeinsame Verbundenheit mit der inneren Stärke und Kraft! Alles, was ihr braucht, steht euch grenzenlos zur Verfügung. Du hast diese starken, positiven Kräfte und Fähigkeiten als eigene Schatzkammer schon mit in dieses Erdenleben gebracht. Du spürst, wie mit jedem Atemzug deine innere Ruhe zunimmt, und du weißt, dass du in Zukunft mit Kritik und Abwertung, auch mit Auslachen, Hohn und Spott ruhiger und gelassener umgehen wirst. Deine Begleiter, die Menschen, die Begleiter des Häschens, die Tiere, die ständig abwerten, waren bestimmt noch nicht an diesem See.

Nur wenn Kinder eine innere Stärke und Sicherheit entwickelt haben, können sie auch mit Kritik allmählich umgehen. Eltern können ihnen auf diesem Weg viel Unterstützung zukommen lassen.

Auch die Augen deines Häschens sind gefüllt mit Kraft, Sicherheit und Stärke. »Weißt du«, sagt es, »ich werde nun wieder in den Wald zurückgehen, denn ich habe alles, was ich benötige. Nichts kann mich auf meinem Weg stören. Ich weiß, ich habe alles, was ich brauche, um fröhlich und selbstbewusst zu leben. Überall im Wald und auf den Feldern werde ich die Neuigkeit verkünden, damit wieder Frieden, Gelassenheit und Harmonie bei uns einkehrt.«

Voller Verbundenheit und in tiefem Wissen, dass eure Seelenfreundschaft immer anhält, könnt ihr euch nun ganz liebevoll trennen. Ihr genießt die angenehme, ruhige Nacht, die Sonne ist schon lange untergegangen, Sterne leuchten um die Wette am Himmelszelt, und ihr freut euch auf den neuen Tag, der vor euch liegt.

Abwertung oder Kritik?

Kleine Kinder möchten geliebt werden, angenommen werden, so, wie sie sind. Die Eltern vermitteln ihnen ja auch meistens in der ersten Lebensphase, dass sie die wunderbarsten Geschöpfe sind, dass sie bedingungslos geliebt werden.

Je älter Kinder werden, umso mehr Anforderungen werden aber zusätzlich an sie gestellt. Sie sollen bei Tisch ordentlich essen, sie sollen sich gegenüber anderen korrekt verhalten, gute Noten aus der Schule bringen, Leistung im Sport zeigen und vieles mehr. Es genügt nicht mehr, was sie von selbst bringen und leisten wollen. Das Umfeld, die Eltern, Erzieher, Freunde, haben bestimmte Vorstellungen von dem Kind, und diese soll es nun erfüllen.

Die Kraft, die alles schafft

In solchen Momenten oder auch Lebensphasen ist es wichtig, dass das Kind bereits eine Meinung von sich hat, dass es weiß, was es selbst kann. Besonders die Eltern können ihm Sicherheit vermitteln, indem sie die Stärken des Kindes hervorheben und Schwächen nicht unter den Tisch kehren. Auch über Fehler sollte gesprochen werden, über Dinge, die das Kind nicht so gut gemeistert hat oder die es vermeidet, weil es sie (noch) nicht kann. Helfen Sie Ihrem Kind, die innere Kraft zu finden, dass es weiter lernen möchte und sich verbessern möchte. Zeigen Sie ihm, dass falsche Handlungen keinen Makel für immer und ewig bedeuten, sondern dass man es beim nächsten Mal besser machen kann. Und stehen Sie zu Ihrem Kind, bei aller Kritik, die es erfährt. Das gibt ihm das Gefühl von Geborgenheit, aus dem heraus es wieder Kraft schöpfen kann.

Mancher Erwachsene erinnert sich vielleicht noch daran, wie er als Kind von anderen ausgelacht wurde. Vor solchen Erfahrungen möchte man seine eigenen Kinder dann gerne bewahren.

Wie soll man mit Kritik umgehen?

★ Eine kritische Äußerung bedeutet keine Abwertung der Person. Vermitteln Sie das Ihrem Kind unbedingt.

★ Kritik von anderen kann man sich anhören, muss sie aber nicht immer ernst nehmen.

★ Wer ist das, der die Kritik ausspricht? Meint die Person es gut mit mir oder will sie sich nur selbst schützen?

★ Wie wird die Kritik formuliert? Ist sie rein sachlich oder zu persönlich?

Offenheit für Meinungen

Bei der Stärkung des Selbstwertgefühls sind wir als Eltern wieder Vorbild für unsere Kinder. Die Veränderung der gesamten (Familien-)Situation kann nur bei uns selbst beginnen. Wenn ich selbst gelassener bin, besser zuhöre und vor allen Dingen die Begebenheiten, die mir nicht gefallen, loslasse und die, die mir gefallen, freudig anspreche, löse ich bereits Spannungen in meiner unmittelbaren Umgebung. Dadurch, dass ich meine Kritik und meine Abwertung zurücknehme, wird mir mein Umfeld mit wesentlich gelösteren und entspannteren Verhaltensweisen begegnen.

Probieren Sie es aus! Veränderungen können stets nur bei uns selbst beginnen. Und lassen Sie sich von anfänglichen Misserfolgen nicht den Mut nehmen.

SELBST-VERTRAUEN FINDEN

 Das seelische Wohlbefinden unserer Kinder wird durch die Erfahrung, versagt zu haben, aufs Bitterste getrübt. Die aufgeraute kleine Seele benötigt zur Wiederherstellung ihres seelischen und geistigen Wohlbefindens unsere liebevollen Hände. Das Bewusstsein, dass Versagen ein Anteil unserer Persönlichkeit, unseres Lebens ist, hilft dem Kind, mit ähnlichen Schwierigkeiten besser zurechtzukommen.

Das Gefühl, versagt zu haben

Wenn Kinder dazu motiviert werden können, auch andere Wege zum Erreichen ihrer Ziele zu nutzen, lernen sie dadurch, selbstbewusst durchs Leben zu gehen.

Wen von uns Erwachsenen hat es nicht schon einmal bitterbös getroffen: Plötzlich muss man auf der Erfolgsleiter eine Stufe zurückgehen, man hat ein Ziel nicht erreicht, war nicht gut genug. Man hat es einfach nicht geschafft, und dann kommt das Gefühl, versagt zu haben!

Oft sind es auch die tief in uns begrabenen ungelösten Konflikte aus der eigenen Kindheit, die uns das Gefühl zu versagen noch schmerzvoller in Erinnerung rufen. Aus diesem Gefühl heraus sollten wir uns bewusst machen, wie wichtig es ist, die Anlagen und Fähigkeiten unserer Kinder zu bejahen. Wir sollten ihnen zu ihren Entscheidungsschritten liebevoll ermutigend die Hand reichen.

Wir können so viel dazu beitragen, aus unseren Kindern Sieger oder Verlierer, Optimisten oder Pessimisten zu machen, sie offen und liebesfähig oder verschlossen, hart und lieblos werden zu lassen.

Die Entspannungsübung

Sorgen Sie zur Entspannungsübung für eine behagliche Atmosphäre, dimmen Sie ein wenig das Licht, so dass ein Klima von Wohlbefinden entstehen kann.

Die Ruheübung erleichtert Ihrem Kind, sich einzulassen auf innere Harmonie und Gelassenheit, die es aus den Loslassgeschichten schöpfen und verinnerlichen kann.

Gehen Sie zunächst mit Ihrem Kind die Entspannungsübung durch und lesen Sie dann die Geschichte zum Thema vor:

Setz dich in den Schneidersitz, finde für dich die angenehmste Position. Stell dir vor, an deinem Hinterkopf wäre ein silbernes Band befestigt, welches dich mehr und mehr nach oben zieht, bis du ganz aufrecht sitzt, ganz in deiner Mitte bist.

Fühle nun beim Sitzen ganz deutlich deinen Atem, nimm den Atem ganz deutlich und bewusst auf über deinen Rachen und deinen Hals, über deinen Brustkorb, bis tief in deinen Bauch. Auch im Sitzen geschieht das Atmen ganz mühelos leicht und unbeschwert.

Du nimmst nun deinen Atem wahr, der dir immer wieder Ruhe schenkt. Durch dieses bewusste Atmen lässt du deinen Alltag immer mehr und mehr in den Hintergrund treten, so dass jegliche Anspannung, all deine Sorgen und Ängste mit jedem bewussten Atemzug weniger und weniger werden.

Du lässt es zu, dich mehr und mehr zu versenken, bis du nur noch Atem, nur noch Ruhe und Gelassenheit bist. All die Gedanken, die dich vielleicht heute belastet und bedrückt haben, rücken ganz weit in den Hintergrund, sind wirklich ganz gleichgültig geworden.

Deine Augenlider sind ganz schwer, schwer wie Blei, und du genießt es, sie ganz sanft zu schließen, und bist mit deinen ganzen Empfindungen nur noch Atem.

Mit deinen Händen spürst du deinen Atem tief in deinem Bauch, fühlst, wie sich der Bauch beim Einatmen ganz leicht hebt und beim Ausatmen senkt. Ein und Aus, Heben und Senken geschehen ganz leicht und mühelos, ganz von selbst. Du musst nichts bewusst steuern, lass dich einfach treiben.

Stell dir doch nun einmal vor, dass deine Hände und dein Bauch mit jedem Atemzug immer wärmer und wärmer werden, ein ganz sanftes, angenehmes Gefühl von Wärme, als hättest du eine Wärmflasche auf dem Bauch. Mit jedem Atemzug strömt diese Wärme mehr und mehr durch deinen ganzen Körper. Wohlig warm und angenehm, so genießt du deinen bewussten Atem, der dir dieses angenehme Gefühl schenkt.

Dein Körper atmet nun ganz von selbst, ganz von allein, ist wohlig warm und entspannt, und du ruhst, ruhst ganz tief aus. Leg dir nun auch einmal im Sitzen beide Hände auf den unteren Rippenbogen. Fühle, wie sich beim Einatmen dein Zwerchfell ausdehnt, dein Rippenbogen sich hebt, und beim Ausatmen wieder senkt.

Durch Konzentration kann man im Körper ein Gefühl von Wärme entstehen lassen. Ruhiges, gleichmäßiges Atmen fördert die Entspannung, im Liegen genauso wie im Sitzen.

Denke an das silberne Band, welches dich in eine aufrechte Position bringt. Fühle, wie viel Platz du hast für deine Atmung. Deine Atmung schenkt dir ganz viel Energie, immer wieder und wieder, mit jedem Atemzug.

Leg deine Hände auch auf den Brustkorb, spüre für dich Heben und Senken deines Atems. Atme tief ein – dein Brustkorb hebt sich, und nun atme aus – der Brustkorb senkt sich wieder. Voller Leichtigkeit darfst du dich einfach treiben lassen.

Dein Körper atmet nun ganz von selbst, ganz von allein, ist wohlig warm und entspannt, und du ruhst, ruhst ganz tief aus.

Der geheimnisvolle Spiegel

▶ Auf deiner Reise durch Landschaften, die du in deinem Leben noch nie gesehen hast, tragen dich blaue Wolken über ferne Erdteile, Länder und Städte, und du fühlst deinen Körper nun zum Ausruhen in einem warmen, weichen Bett aus Moospolstern liegen.

Genieße es, dich tragen zu lassen. Du bist völlig losgelöst von deinem Alltag. Versuche nun einfach, alles zu vergessen, was dich heute angestrengt und vielleicht auch aus deiner inneren Ruhe gebracht hat.

Fühle deinen Atem, wie er in dich ein- und ausströmt und deinen Körper ganz sanft hin- und herschaukelt. Dieses ruhige Wiegen lädt deinen ganzen Körper mit Kraft und Energie auf. Aufgeladen mit dieser Kraft und Energie, stehst du auf, siehst dich um und bist inmitten einer wunderschönen Parklandschaft. Überall nur die Blumen und Bäume, die schon lange deine ganz persönlichen Lieblingspflanzen sind. Du fühlst dich wohl, ganz eins mit dieser wunderbaren Natur.

Die Sonne scheint, Vögel zwitschern, Schmetterlinge spielen mit dem Wind. Obwohl es heller Tag ist und die strahlend gelbe Sonne deinen ganzen Körper wärmt, fühlst du dich angezogen von einem hellen Stern, der über dir so ganz besonders strahlt. Dieser Stern führt dich über einen Parkweg immer weiter und weiter durch diese bezaubernde Landschaft.

Auf einer Wiese neben dem Weg steht das hübscheste Pony, das du je gesehen hast. Es hat tiefe, braune Augen und ein seidiges, braunes Fell, das glänzt, als wäre es eingetaucht in goldsilbriges Licht. Es steht ganz einsam auf der großen Wiese und lässt seinen Kopf hängen. »Warum stehst du denn hier so einsam und traurig?« fragst du anteilnehmend. »Ach, weißt du«, seufzt das Pony, »heute war nicht mein bester Tag. Eigentlich hätte es ein erfolgreicher Tag für mich und meinen Besitzer werden sollen, aber ich habe total versagt. Auf einem Turnier hätte ich heute den ersten Platz im Springen machen sollen, aber das Hindernis habe ich gerissen. Nun hat mich mein Besitzer fortgetrieben. Ich kann meine Freiheit und mein neues Leben nicht genießen, weil ich es nicht vergessen kann, versagt zu haben. Es ist so, als würden sich all meine Gedanken im Kreis drehen, und nun sollte dieser ganz kleine negative Moment überwiegen, und all das Positive, das Gute, all die Erfolge und Leistungen in meinem Leben wären nicht da gewesen. Alles, was ich bisher geschafft und geleistet habe, ist scheinbar vergessen.«

»Ja«, entgegnest du, »manchmal passieren einem Dinge, die einfach sind, wie sie sind, nicht immer kontrollierbar. Komm, fasse Mut und begleite mich doch auf meinem Weg, ich fühle, dass er auch für dich von Bedeutung ist. Fühlst du auch die hellen Lichter, die uns begleiten?«

Tatsächlich, aus der Entfernung strahlt euch ein ganzes Meer von Lichtern am Himmel entgegen, als ob sich hier alle Sterne des Nachthimmels ein Stelldichein geben wollten. Hört ihr die wunderbare Musik der Natur, den Wind, der mit den Blättern spielt, die Vögel, die in den schönsten Tönen jubilieren? Es ist, als würde diese Musik zu einem Teil eurer Seele werden.

Aus diesem hellen Lichtschein heraus taucht ein gigantisches Schloss auf. Ein Schloss, wie es in den schönsten Märchen existiert, und ihr fühlt euch magisch angezogen. Wie von selbst geht ihr euren Weg. Ihr steht nun vor dem großen Schlosstor, welches sich weit öffnet, wie der Blick zum Sternenhimmel. Ihr tretet ein und geht die riesige Schlosstreppe hinauf, kommt in einen großen Saal, den vor euch noch kein anderer Mensch, kein anderes Lebewesen je betreten und gesehen hat.

An der Wand des Saales hängt ein gigantischer, geheimnisvoller Spiegel, wie aus einer anderen Welt. Du blickst hinein und kannst jeden Bereich deines Körpers vergrößert wahrnehmen: das Gesicht, die Stirn, Augen, Nase, Wangen, den Mund, und du findest dich gut so. Da gibt es kein Zweifeln und kein Grübeln. Dein Blick wandert weiter über Schultern, Brustkorb, Bauch und Hüften. Du siehst dich an, so, wie du wirklich bist, als wunderbares Kind, welches die Natur geschaffen hat. Einzigartig und wunderbar. In diesem Spiegel hast du auch die wunderbare Möglichkeit, bis in die Tiefe deiner Seele zu blicken, deine verborgensten Gedanken zulassen zu dürfen. Ganz rein und klar spürst du die Erkenntnis, wie schön es doch ist, sich anzunehmen, sich selbst anzunehmen, wie man wirklich ist. Dein Blick wandert weiter über die Beine und Füße, bis du dich ganz wahrnimmst vom Scheitel bis zur Sohle, als wunderbaren Menschen, als einzigartige Persönlichkeit, die wirklich kein zweites Mal auf der Welt existiert, als Wunder der Natur. Vergesse sie niemals, deine Einzigartigkeit.

Auch das Pony neben dir spürt das gleiche Bewusstsein, den gleichen Spiegel seiner Persönlichkeit. »Weißt du«, wispert es, noch ganz befangen von dieser wunderbaren Selbsterkenntnis, »ich kann nun damit umgehen, auch einmal versagen zu dürfen. Ich weiß, mich als wunderbares, einzigartiges Lebewesen kann nichts von meinem Weg abbringen. Es darf auch sein, einmal zu versagen. Ich bin wie ich bin, ich bin o.k., ich bin es wert, auf dieser Welt zu sein. Das Leben, die Natur um mich herum liebt mich und ist dafür da, dass ich es mir schön mache.«

Gestärkt mit dieser Erkenntnis, verlasst ihr beide das Schloss. In dieser wunderschönen Parklandschaft ist es nun auch Nacht geworden und euch begleiten die Sterne. Ihr lasst dieses Eins-sein mit der Natur, mit dem ganzen Universum, mit eurem Atem durch den ganzen Körper fließen, so dass nun Ruhe und auch Müdigkeit nach dem Erlebten und Erfahrenen in euch einziehen, und ihr lasst euch in einen tiefen Schlaf fallen.

Kinder sind noch lange keine »Versager«, wenn sie eine Aufgabe nicht zu voller Zufriedenheit ihrer Umgebung erfüllen. Bei Kindern spielt der momentane Entwicklungsstand eine große Rolle, sie haben die Chance, noch viel zu lernen.

Aus Fehlern lernen

Sich erkennen, wie man wirklich ist, bedeutet, auch von den eigenen Fehlern zu wissen und sie zu akzeptieren. Niemand ist vollkommen, und jeder Mensch hat besonders starke, aber auch schwächere Seiten. Das unterscheidet uns schließlich auch alle voneinander und macht uns interessant.

Seien Sie den Kindern Vorbild, wenn bei Ihnen etwas nicht geklappt hat, wenn Sie einmal versagt haben. Kinder beobachten unsere Lebensweise und ahmen schnell nach. Verändern Sie Ihren eigenen Blickwinkel, zeigen Sie auf, dass neue Möglichkeiten und Perspektiven auf Sie warten, mit jedem Sonnenaufgang der neue Tag beginnt. Zeigen Sie Ihr Selbstvertrauen. Die Klarheit, die Sie ausstrahlen, schafft Sicherheit und Zufriedenheit. Sie werden Tiefe und Nähe zwischen sich als Eltern und Ihren Kindern spüren. Diese wachsende Zufriedenheit und Selbstannahme in Ihrem Leben wird Ihren Kindern auf deren Lebensweg mehr helfen als alles andere.

PROBLEME LASSEN SICH LÖSEN

 Konflikterfahrungen können wir unseren Kindern nicht abnehmen. Immer wieder stoßen sie in ihrer Entwicklung und auch noch als erwachsene Menschen auf Probleme mit anderen oder mit sich selbst. Sie zu verarbeiten, verlangt unsere elterliche Hilfe. Die Auseinandersetzung mit der eigenen Persönlichkeit ist ein wichtiger Prozess zur geistigen Reifung.

Konfliktsituationen überwinden

Eltern können ihr Kind bei der Lösung eigener Probleme unterstützen, indem sie es in seiner Wahrnehmung für sich und andere bestärken.

Jeder von uns hat im zwischenmenschlichen Bereich schon erspürt, welche Gefühle und Empfindungen frei werden, wenn er Konflikte mit anderen oder mit sich selbst bewältigen und austragen muss. Natürlich würde jeder von uns lieber durch Freude positive Bewusstseinsschritte bewältigen, aber es ist ein gewaltiger Irrtum zu glauben, aus konstruktiver Konfliktbewältigung nichts lernen zu können. Wir müssen unsere Konflikte erfahren, um daran zu wachsen, damit sich unser Streben und unser Wunsch nach einem angenehmen, friedvollen und ausgeglichenen Zustand verstärkt.

»Lass uns darüber reden«

Auch unsere Kinder müssen und dürfen erfahren, dass sie nicht nur in einem liebreizenden Blumengarten leben. Die schönste Rose besitzt Dornen. Durch das sofortige, bewusste Anpacken eines Konflikts wird das Vertrauen des Kindes in sich selbst ver- und bestärkt. Eltern sollten ruhig aufzeigen, dass man durch Veränderung seines Blickwinkels die Dinge von verschiedenen Seiten zu betrachten lernt und dadurch Lösungen schaffen und finden kann. Dieses Vertrauen in die eigene Fähigkeit zur Konfliktbewältigung entsteht aber nur durch echte Kommunikation. Das Kind soll erfahren dürfen, dass durch Gespräche, durch bewusstes Reden und Zuhören Möglichkeiten geschaffen werden, die auch Kompromisse zulassen.

Die Entspannungsübung

Diese Ruheübung erleichtert ihrem Kind, den Übergang zu finden von der Anspannung des Tages hin zur Entspannung. Es kann sich so leichter auf die innere Harmonie und Gelassenheit aus den Loslassgeschichten konzentrieren. Schaffen Sie für sich und Ihr Kind eine behagliche Atmosphäre. Dimmen sie vielleicht ein wenig das Licht im Zimmer, sorgen Sie für Ruhe und Wärme, so dass ein behagliches Klima entstehen kann.

Jetzt lesen Sie langsam und deutlich vor:

Leg dich auf den Rücken und spür deinen Atem, wie er ganz leicht und mühelos in dich einströmt. Genieße es, nichts zu tun zu haben, nichts denken, nichts wissen zu müssen, einfach nur auszuruhen.

So fühlst du deinen Atem, der dir Ruhe bringt. Mit jedem Atemzug wirst du ausgeglichener und harmonischer. Du fühlst, wie dein Bauch sich beim Einatmen hebt und beim Ausatmen wieder senkt. Ein und Aus geschieht ganz leicht und unbeschwert, du musst nichts lenken, nichts steuern, alles geschieht von selbst.

So lässt du auch deinen Körper mit jedem Atemzug tiefer und tiefer sinken, dein ganzer Körper wird mit jedem Atemzug schwerer und schwerer, mit jedem Atemzug schwerer und schwerer. Nun liegst du wirklich schwer wie Blei auf der Unterlage auf. Die Leichtigkeit deines Atems nimmt dadurch mit jedem Atemzug zu.

Arme und Hände, Beine und Füße sind angenehm gelöst und völlig entspannt. Stell dir doch nun einmal vor, wie du mit deinem Atem Wärme in deine Arme und Hände lenkst. Vielleicht sind es Sonnenstrahlen, die dich so angenehm warm durchfluten. Mit jedem Atemzug werden nun deine Arme immer wärmer und wärmer. Fühle diese Wärme in deinen Armen ganz angenehm, ganz angenehm strömend, warm und schwer. Diese Sonnenstrahlen durchfluten deine Körper weiter wie dein Atem, ganz leicht und angenehm. Wärme und Schwere fließen in deine Hände hinein, so dass dein ganzer Körper warm und schwer auf der Unterlage aufliegt. Immer wärmer und schwerer werden die Hände und Arme an deinem Körper, ein Zustand voller Gelöstheit, Wohlbefinden und Harmonie. Mit jedem Atemzug verstärkst du dieses angenehme Wohlgefühl von Wärme und Schwere in dir, du genießt nichts tun zu müssen einfach nur loszulassen, dich fallen zu lassen.

So wie die Empfindung von Wärme im Körper durch Konzentration steuerbar ist, kann man auch versuchen, sich ganz fallen zu lassen und schwer zu werden.

Weiter fließt dein Atem und fließen deine Sonnenstrahlen durch deinen Körper, bis in deine Beine hinein. Deine Beine werden durchflutet von Wärme und Schwere, mit jedem Atemzug immer wärmer und schwerer, leicht und mühelos wärmer und schwerer, während du immer tiefer und tiefer sinkst, in dieses angenehme Gefühl von Schwere und Wärme.

Die Sonnenstrahlen durchfluten deinen Körper bis in deine Füße hinein, auch deine Füße werden immer wärmer und wärmer, immer schwerer und schwerer. Sie sinken tiefer und tiefer, so dass nun dein ganzer Körper tief und schwer auf der Unterlage aufliegt. Wärme und Schwere sind in deinem ganzen Körper spürbar, durchfließen dich wie dein Atem, leicht und mühelos. Dein ganzer Körper und Geist genießt es, in diesem trägen, tiefen Ruhezustand zu sein.

Dein Körper atmet nun ganz von selbst, ganz von allein, ist wohlig warm und entspannt, und du ruhst, ruhst ganz tief aus.

Die vertrauensvolle Begegnung mit der Fee

► Gemütlich und geborgen liegst du in einer Sommerwiese. Du fühlst das Gras unter dir, lässt deinen ganzen Körper schwerer und schwerer werden, tiefer und tiefer hineinsinken in dieses weiche Bett aus Gras. Du fühlst auch deinen Atem, der dich begleitet, völlig gelöst und entspannt. Mit jedem Atemzug nimmt die Ruhe in dir zu und du genießt es, völlig loszulassen, nichts tun zu müssen, nicht denken zu müssen, einfach nur zu atmen, einfach nur zu sein.

Um dich herum wachsen bunte Blumen, verschiedene grüne Gräser, du hörst die Insekten um dich herum summen, fühlst dich nur wohl, wunderbar wohl und entspannt. Die Sonne steht hoch am strahlend blauen Himmel.

Du fühlst es ganz warm werden in deinem Bauch. Ein angenehmes Gefühl der Wärme, das du schon seit deiner frühesten Kindheit kennst, wenn dir deine Mutter oder sonst eine liebe

Person eine Wärmflasche auf den Bauch gelegt hat. Ein angenehm geborgenes, strömendes Gefühl von Wärme. Dieses Gefühl von Geborgenheit und Wärme trägt deine Gedanken nun ganz frei und offen auf eine Reise in unendliche Weiten.

Du spürst ganz plötzlich Waldboden unter deinen Füßen, Standfestigkeit, und du wanderst voller Leichtigkeit und Vertrauen durch einen Wald aus Tannen, Buchen und hellen Lärchen. Durch Büsche hindurch, auf schmalen Pfaden, erreichst du eine kleine Lichtung.

Sieh dich nur um, es ist eine Waldlichtung, die du noch nie zuvor gesehen hast. Riechst du den angenehmen Duft nach Moos und Bäumen? Hörst du das Vogelgezwitscher, welches deinen Weg begleitet? Siehst du die Sonnenstrahlen, die sich durch Äste und Blätter den Weg zu dir suchen? Am Rand der Lichtung steht ein riesiger Baum. Er hat einen so dicken, fest mit der Erde verwurzelten Stamm, wie ihn noch nie ein Mensch zuvor gesehen hat. Seine Rinde ist rauh und zerklüftet. Du spürst ein riesiges Verlangen in dir, diesen Stamm zu fühlen, ihn zu umarmen, aber, da er so dick ist, gelingt es dir nicht ganz. Und trotzdem fühlst du die Kraft des Baumes, es ist, als würde er dich verzaubern.

Du hörst eine innere Stimme, die spricht: »Menschenkind, höre was ich dir sage. Ich bin ein Zauberbaum. Wenn du Streit mit deinen Mitmenschen hast, oder immer über dein eigenes Verhalten und deine Schwierigkeiten nachdenken musst, dann komme zu mir. Ich gebe dir Kraft, viel Kraft ist in mir, ist auch in dir. Nutze diese Fähigkeit und Kraft, dann ist vieles leichter! Lass andere, wie sie sind, und suche nicht, sie zu verändern! Nutze und glaube an dieses Bewusstsein und deine starke Persönlichkeit, lass es zu deinem ständigen Begleiter werden. Dein gutes, liebevolles Herz macht es dir leicht, Konflikte und Streitigkeiten zu lösen, denn du bist stark.«

Diese Stimme des Baumes, die auch deine innere Stimme ist, ist so beruhigend und tröstlich, dass du dich noch wohler und tiefer entspannt fühlst. Du weißt, du brauchst nicht ängstlich zu sein, wenn du nur fest an dein liebevolles Herz glaubst.

Da wird dein Blick angezogen von etwas Schimmerndem, Gläsernem, in zartem Bunt Strahlendem. Zuerst denkst du an einen Schmetterling. Aber nein, kaum zu glauben: Fassungslos bestaunst du nun ein kleines Mädchen, so klein wie ein Fingerhut, mit Flügeln daran.

»Ja, wer bist denn du«, fragst du das Mädchen. »Oh«, sagt es ganz freundlich, »ich kenne dich schon lange. Seit deinem ersten Atemzug bin ich dein Begleiter und Berater. Du hattest immer schon Zugang zu mir, aber leider hast du in letzter Zeit an mich, deine innere Stimme, sehr wenig gedacht. Ich habe viele Fähigkeiten, eine davon ist, mich unsichtbar zu machen.« Tatsächlich, ein leichtes Zittern geht durch seinen schlanken Leib, und schon ist sie verschwunden. »Komm doch wieder, kleine Fee!« Es dauert auch nicht lange, zuerst ein Funkeln in zartem Bunt, und schon ist sie wieder da.

»Du durftest in unser Land, welches noch nie ein Mensch zuvor betreten hat. Hier bietet sich dir die wunderbare Möglichkeit, dass du Überflüssiges zurücklassen darfst: dich störende Wurzeln deines Verhaltens, Eigenschaften an dir, die du wahrnimmst und mit denen du dich nicht so glücklich fühlst. Du darfst bei mir neue Ziele wählen.«

Deine Gedanken überschlagen sich, nur ruhig und gelassen, denkst du, und fühlst dich mit jedem bewussten Atemzug schon gleich wieder ruhiger werden. Beim Einatmen spürst du deinen Bauch, wie er sich hebt, und beim Ausatmen, wie er sich senkt. Aus dieser inneren Ruhe heraus weißt du, dass du in diesem Land der Unendlichkeit deine Bereitschaft zu Konflikten, Reibereien und Streitereien zurücklassen wirst.

Deine Gedanken reichen aus, um bei der Fee anzukommen. Sie nimmt ihren Feenstab und wirbelt ihn durch bunte, schimmernde Lichter. »Damit hast du alles Überflüssige hier zurückgelassen. Alles, was deiner zukünftigen Entwicklung dient, besitzt du schon. Aber vergesse es nicht. Lass deine Freunde, wie sie sind. Versuche nicht, sie zu belehren oder zu verändern, gib ihnen keine Anweisungen, und sie werden immer deine Freunde bleiben.«

»Durch das Loslassen wird dein Lebensweg ein voller, strahlender Erfolg, reich an den Folgen deines guten Denkens. Du bist mit mir immer in Verbindung, ich werde ein Teil deines Bewusstseins sein, höre auf deine innere Führung und Stimme.«
»Vielen Dank«, bringst du gerade noch über deine Lippen, und schon geht wieder dieses Zittern durch den schmalen Körper vor dir. Zart bewegen sich ihre glänzenden Flügel. Sie fliegt zunächst noch zögernd, zieht dann immer höhere und höhere Kreise. Langsam entschwebt die Fee in das Blau der Lüfte und des Himmels. Die Sonnenstrahlen untermalen noch den Glanz ihres Schimmers. Welch ein Zauber!

Individuelle Wege aus Konflikten

Streiten will gelernt sein! Streiten bedeutet, eine eigene Meinung zu haben und sie gegenüber anderen auch zu vertreten. Dazu braucht man Selbstvertrauen, Mut, innere Stärke. Der Baum in der Geschichte gibt dem Kind Stärke, damit es Probleme mit anderen oder auch mit sich selbst lösen kann. Als Eltern sollten wir diese innere Kraft in unseren Kindern fördern, damit sie die Erfahrung machen können, selbst mit Problemen zurechtzukommen und ihre eigenen Lösungswege zu finden.

Konflikte kann und soll man nicht immer zu umgehen versuchen. Sich einem Problem zu stellen heißt auch, daran zu wachsen.

Wie können Eltern helfen?

Lösungsmöglichkeiten aus Konflikten dürfen wir Erwachsene unseren Kindern nicht einreden, sondern wir müssen uns auf ihre Ebene begeben. Wir müssen auf die Kinder hören, sie müssen sie selbst erfahren. Wir können ihnen helfen, indem wir sie auffordern, uns zu erzählen, was sie in ihrem Inneren sehen, fühlen und hören. Als Eltern sollten wir unsere Kinder davon überzeugen, dass sie einzigartig sind, dass sie eine Kombination von Kräften und Eigenschaften besitzen, die ihnen hilft, Probleme aus sich selbst heraus zu bewältigen. Aus diesem Gefühl der inneren Stärke werden sie erkennen, dass sie erst am Anfang der wunderbaren Reise durchs Leben stehen. Sie werden ihr eigenes Selbst entdecken.

»WAS ICH ALLES KANN«

 Unsere Kinder behindern sich immer wieder in ihrer Selbstwahrnehmung, indem sie die eigene Persönlichkeit in Frage stellen. Im gegenseitigen Vertrauen zwischen Eltern und Kindern wächst das Gefühl der Beständigkeit, das Zutrauen in die eigenen Anlagen und Fähigkeiten, Begabungen und Talente. Negatives Gedankengut in positives umzuwandeln, wird Kindern helfen, sich in einem harmonischen Selbstbild zu finden.

Selbstzweifel schwächen Zutrauen

Zweifel an der eigenen Persönlichkeit werden bei Kindern in hohem Maße von den Eltern gesteuert. Durch ihr Verhalten dem Kind gegenüber signalisieren sie Vertrauen und Bestärkung oder Kritik und Unsicherheit.

In unserer kulturellen Gesellschaft geht der Trend eindeutig, bewusst und klar zur Ein-Kind-Familie. Der Zeitpunkt wird von den Eltern meist so gewählt, dass berufliche Ziele erreicht, Konsumgüter angeschafft, Kredite abgezahlt sind, Reisen erlebt wurden und die Beziehung als gefestigt gilt. Eine ideale Situation, um ein Kind zu bekommen!

Und trotzdem: Das Kind muss seinen Preis dafür bezahlen, dass es ein Wunschkind geworden ist. Ihm wird übergroße Aufmerksamkeit entgegengebracht, es wird nun ständig an ihm erzogen, und meist wird es überfürsorglich behandelt.

Das Kind wird der Mittelpunkt

Die Mutter verlässt häufig ganz ihren Arbeitsplatz, um sich ausschließlich dem Kind zu widmen. Beim ersten Quengelgeräusch wird es aus der Wiege genommen, oft stundenlang herumgetragen, weil man sich alle Zeit nimmt, um nichts an dem Kind zu versäumen. Die Ansprüche der Eltern an sich selbst werden sehr hoch gesteckt. Das Kind soll die beste Erziehung genießen, an nichts soll es ihm fehlen. Es lernt von Anfang an, dass es abhängig von anderen ist, um gute Gefühle zu empfinden, es traut sich selbst nichts zu. Damit braucht schon der Säugling keine Grenz- und Defizitgefühle mehr auszuhalten, die so wichtig wären für seine Entwicklung.

Das Beste wollen

Die Selbstzweifel unserer Kinder, sich selbst nichts zuzutrauen, verstärken wir ganz unbewusst, wenn sie etwas älter geworden sind. »Schau mal deine schmutzigen Hände an! Kannst du nicht gerade sitzen! Du siehst wieder mal aus wie ein Hahn im Misthaufen! Ständig verursachst du Chaos!« So in der Art könnten wir wahrscheinlich noch eine Weile fortfahren.

Dabei versuchen wir, uns unsere »Wunschkinder« zurechtzu-
stutzen, wie wir sie uns vorgestellt haben. Diesen Trugschluss
sollten Eltern erkennen lernen. Kinder sind individuelle Lebewesen, die man sich nicht formen kann, wie es einem behagt.
Das ist der erste Schritt, um das Selbstvertrauen des Kindes zu
fördern. Es kann auch von den Eltern nicht immer vor allen
Gefahren beschützt werden. Viel wichtiger ist es, ihm zu zeigen, wie es mit schwierigen oder gefährlichen Situationen
selbst umgehen soll.

Die Entspannungsübung

Bevor Sie mit Ihrem Kind nun die passende Geschichte zum
Loslassen lesen, gehen Sie die folgende Ruheübung mit ihm
durch. Sie erleichtert Ihrem Kind den Übergang zu finden von
der Anspannung des Tages hin zur Entspannung, sich einzulassen auf innere Harmonie und Gelassenheit, die es aus den Loslassgeschichten schöpfen kann. Sorgen Sie für eine behagliche
Atmosphäre, so dass ein Klima von Wohlbefinden entstehen
kann. Lesen Sie langsam und deutlich vor:

*Ruheübungen
zum Entspannen
und Konzen-
trieren lassen
sich im Stehen,
Sitzen oder
Liegen durch-
führen.*

Stell dich doch einmal hin, fühle, wie deine Beine fest am
Boden stehen. Deine Beine sind wie die Wurzeln eines Baumes.
Dich kann nichts, aber auch gar nichts, von deinem Standpunkt
abbringen. Nun spüre ganz bewusst und tief deinen Atem, der
durch deinen Körper fließt. Über deinen Rachen und Hals, über
deinen Brustkorb, bis in die Tiefe und Weite deines Bauch-
raums. Verfolge deinen Atem, wie er auf dem gleichen Weg
deinen Körper wieder verlässt. Schließe sanft deine Augen und
spüre die Sicherheit deiner Füße zum Boden, die Verbundenheit zur Erde. Deine Arme baumeln locker und gelöst seitlich
am Körper.
Fange nun einmal an, deine Hände und nur deine Hände ganz
fest auszuschütteln. Fester schütteln, noch fester, so fest du
kannst. Deine Unterarme und Oberarme nimmst du nun mit in
das Schütteln, fester, noch fester schütteln.

Verkrampfungen können durch psychische wie physische Anspannungen entstehen. Durch heftiges Schütteln des ganzen Körpers lösen sich die Muskelanspannungen wieder.

Deine Fußsohlen bleiben fest am Boden, als wären sie angeklebt. Du nimmst nun deine Beine mit in das Schütteln hinein, dein Gesäß, den Rücken, deine Schultern. Die Füße stehen ganz sicher auf dem Boden. Auch deinen Kopf, deine Haare nimmst du mit in dein Schütteln, mehr und mehr, so dass nun dein ganzer Körper durchgeschüttelt wird.

Und stopp, aufhören! – Spüre nun nur noch deinen Atem, atme mit offenem Mund aus, lass all deine Anspannung beim Ausatmen los, loslassen, einfach zulassen, loszulassen.

Stell dir doch nun mal eine Situation vor, über die du dich heute geärgert hast, die dich vielleicht belastet hat. Nimm dieses innere Bild der Anspannung mit hinein und fange nochmals an, deinen Körper fest durchzuschütteln. Hände, Arme, Beine, Gesäß, Rücken, Brustkorb, Kopf und Haare, der ganze Körper schüttelt sich und lässt alles Belastende los. Fester und fester schütteln, ermöglicht es dir, leichter und leichter loszulassen.

Nun wieder aufhören! Fühle deinen Atem und öffne beim Ausatmen wieder den Mund, um alle restliche Anspannung entweichen zu lassen. Spüre, wie dein Atmen dich wieder zur Ruhe bringt. Mit jedem Atemzug wirst du nun wieder ruhiger und harmonischer. Atemzug für Atemzug nimmt wieder die Ruhe und dein gleichmäßger Atemstrom zu.

Dein Körper atmet nun ganz von allein, ist wohlig warm und entspannt, und du ruhst, ruhst ganz tief aus.

Die Reise im Luftballon

▶ Es ist Herbst, die Jahreszeit, die uns in ihrer übergroßen Vielfalt der Farben die Vergänglichkeit der Natur, den Ablauf des ganzen Jahres aufzeigt. Die wunderbare Natur zeigt sich noch in ihrer schönsten Pracht, die Blätter der Bäume in zarten und kräftigen Gelb- und Rottönen, leuchtende Herbstblumen wiegen sich im Wind. Am strahlend blauen Himmel sammeln sich schon die ersten Vögel, um, wenn es kälter wird, in den warmen Süden zu ziehen.

Aber noch scheint die Sonne mit ihrer ganzen Kraft. Fühle, wie mit jedem Atemzug diese Sonnenstrahlen deinen ganzen Körper erwärmen.

Die Kinder lieben den Herbst aber noch aus einem anderen Grund ganz besonders. Es ist nämlich auch die Zeit der Volksfeste, Jahrmärkte, Dulten und Vergnügungsfeste. Lass es doch in deiner Wahrnehmung einfach entstehen. Siehst du dich schon laufen, inmitten der anderen Menschen, siehst du um dich herum die vielen Karussells und Buden in ihrem Glanz, die Menschen, wie sie lachen und fröhlich sind? Hörst du die Musik, die sich gegenseitig überstimmen möchte, riechst du den Duft der Mandeln und Zuckerwatte, der gegrillten Hähnchen und Steckerlfische? Es ist einfach schön, sich mit den Menschen treiben zu lassen, ausgelassen und unbeschwert sich dem Vergnügen hinzugeben.

Da, schau einmal genau hin, da weckt doch etwas dein ganz besonderes Interesse. Ein großer, bunter Verkaufsstand, vor dem viele Kinder stehen. Was gibt es denn da zu sehen? Dein Blick wandert nach oben, und du siehst viele, viele verschiedene Luftballone an ihren bunten Bändern im Wind sich bewegen. Sie unterscheiden sich in ihrer Farbe, in ihren Formen und in ihrer Größe. Es ist, als würden die Farben miteinander, mit dem Herbstwind, sich auf ein Spiel einlassen, es muss schön sein, sich dem Wind hinzugeben.

Aber einer dieser Luftballone, fühlst du, der zieht dich ganz besonders an, wie ein magnetisches Band. Es ist, als würden sich in ihm alle Farben wie in einem Regenbogen vereinen, er schimmert in einem hellsilbrigen Licht, in dem sich doch alle anderen Farben spiegeln. Gefüllt ist er mit ein paar wenigen Formen, die aussehen und sich bewegen, als spielte der Wind mit Wattebällchen.

Du kaufst dir diesen Ballon, und allein schon die Berührung damit bringt dich in eine ganz wunderliche Stimmung. Du spürst ganz bewusst Beine und Füße auf dem Boden, fühlst deinen Atem, der dir mit jedem Atemzug Energie, aber auch totale Leichtigkeit in deinen Körper bringt. Mit jedem Atemzug fühlst du diese Energie und das Loslassen mehr und mehr, Kopf und Schultern spüren diese Energie, die weiter fließt über die Arme und Hände bis in den Rücken. Wie eine angenehme Welle, die dich überflutet mit diesem angenehmen Gefühl der Leichtigkeit, des Loslassens. Bis auch deine Beine und Füße ganz leicht sind.

Dein ganzer Körper, vom Kopf bis zu den Zehen, ist nun eingehüllt in dieses Gefühl, ganz leicht zu sein. Diese Ausstrahlung nimmst du nun wahr und fühlst dich getragen und ganz wohl in diesem angenehmen Gefühl des Loslassens.

Nun passiert etwas ganz Sonderbares, schau dich um. Du bist nun inmitten dieses Ballons und du bemerkst auch schon, wie sich eine kleine Windböe an dich heranmacht und dich mit fortträgt.

»Hab keine Angst«, hörst du eine zarte Stimme neben dir. Du siehst dich um und entdeckst einen kleinen, hellblauen Vogel von so viel Schönheit, wie du es noch nie gesehen hast. Du bist auserwählt für diese phantastische Traumreise ins Land der unbegrenzten Kräfte, Energien und Fähigkeiten. Wir fliegen in die Weite des Universums, zu den Sternen und… du wirst es sehen.

… auch der Mann im Mond schaut zu.

»Ich habe so meine Zweifel, ob ich die richtige Person bin für so eine ungewöhnliche Reise«, entgegnest du, »ob ich mir das zutrauen kann, mich in fremde, mir unbekannte Welten zu begeben.«

Doch schon geht es los, vertrauensvoll gibst du dich deiner Reise mit dem Paradiesvogel und dem Luftballon hin. Du genießt es, in dieser Geborgenheit getragen zu sein, und du wirst ganz sicher festgehalten von diesem schützenden Mantel des Luftballons. Die Menschen und Häuser, die Karussells und Buden werden auch schon immer kleiner und kleiner, so dass du sie kaum noch erkennen kannst, ganz klein sind sie geworden, so klein wie Ameisen.

Und immer höher hinauf geht es, schon ist von unserer Erde nichts mehr zu erkennen als vielleicht der Unterschied des blauen Wassers zur braunen Erde. Dein hellblauer Vogel ist ständig an deiner Seite und gibt dir dadurch Sicherheit und Geborgenheit, dich auf den Flug einzulassen.

Du fühlst nun deinen Körper immer leichter und leichter werden. Mit jedem Atemzug wird er leichter und leichter, all deine Muskeln und Nerven sind wohltuend gelöst, entspannt und zur Ruhe gekommen.

Aus dieser inneren Ruhe heraus nimmst du wahr, dass du und dein Vogel die Wolken schon lange hinter euch gelassen habt und ihr angekommen seid in der Unendlichkeit des Weltalls. Um euch herum nur glitzernde Sterne – es scheint, als würden sie eine Ewigkeit voneinander getrennt sein, und doch sind alle eins. Ein Stern leuchtet ganz besonders, und dein Luftballon wird von ihm angezogen wie von einem magnetischen Feld.

»Guten Abend«, sagt der Stern überaus freundlich und gütig. »Lange habe ich schon auf dich gewartet, schön, dass du nun endlich hier bist. Ich darf dir nun mit meiner persönlichen Ausstrahlung wieder das schenken, was dir anscheinend abhanden gekommen ist: Vertrauen in deine innere Führung.«

Sofort spürst du, wie dieser Luftballon auch schon zu vibrieren beginnt, und auch dein Körper wird angenehm in helles, gleißendes Licht getaucht. Du fühlst dich so stark wie nie zuvor, könntest Bäume ausreißen, aber mitten im Weltall ist das natürlich schwierig. »Vielen Dank, lieber Stern, für dieses Geschenk.«

»Schau nur auch in Zukunft zu mir herauf, für dich leuchte ich nun immer ganz besonders stark, und ich werde dir immer geben, was du benötigst.« Du winkst ihm noch zu, bedankst dich bei ihm, und schon ist er verschwunden.

Deine Reise geht weiter, und du siehst den Mond auf dich zukommen. Tatsächlich, du hättest es nicht für möglich gehalten, es existiert doch wirklich der Mann im Mond. Ganz deutlich siehst du ihn jetzt vor dir. Eigentlich sieht er ja so aus, wie du dir immer den Weihnachtsmann vorgestellt hast. Er hat ein gütiges, weises Gesicht, ganz liebevolle Augen und einen schneeweißen Bart.

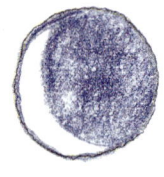

»Ich kenne dich gut«, sagt er, »immer, wenn du sprichst, dich bewegst, bei allem, was du tust, bin ich immer bei dir, denke in Zukunft daran! Bei allem was du benötigst, wenn Zweifel, Ängste, Sorgen dich plagen, sprich mich an, ich bin dein Innerstes und werde dir ein guter Berater sein. Nur wenn du auf der Erde bist, vergesse nicht, dass wir in Verbindung bleiben.« Auch bei ihm bedankst du dich und winkst ihm noch zu.

Langsam fliegst du nun wieder duch Wolken hindurch, zur Erde zurück. Fühlst du diese angenehmen Kräfte, Energien und Fähigkeiten in dir? Du setzt langsam wieder zur Landung an und – peng, der Luftballon zerplatzt und seine kleinen und kleinsten Teile fliegen, wie angezogen, wieder dem Himmel entgegen. Der hellblaue Paradiesvogel flattert hin und her.

»Ich werde mich nun mit einem anderen Kind wieder auf eine Reise begeben, und ich weiß, alles, was du an Stärke und Bewusstsein für dein Leben und deinen Alltag benötigst, hast du auf unserer geheimnisvollen Reise als Geschenk erhalten. Halte diese innere Verbindung, denn du weißt ja:

… und der Mann im Mond schaut zu!«

»Vielen Dank noch für deine Begleitung«, und der Vogel fliegt nun davon. Plötzlich spürst du eine tiefe Müdigkeit in dir, es war doch eine anstrengende Sache, so durchs Weltall zu fliegen. Du legst dich gleich hin und fühlst sofort deinen Körper schwer in die Unterlage hineinsinken. Schwer, ganz schwer versinkst du und bist schon wieder auf der Reise in dir noch unbekannte Träume.

Zutrauen in die kindlichen Fähigkeiten

Erwachsene Bezugspersonen sind zwar immer die Vorbilder der Kinder, im Positiven wie im Negativen. Aber auch umgekehrt gilt: Eltern können von ihren Kindern lernen.

Das gegenseitige Vertrauen zwischen Eltern und Kind sollte sich in der Wahrnehmung dessen, was das Kind von sich aus kann, vertiefen. Achtung gegenüber dem Kind, der Respekt, das tiefe Wissen über seine Fähigkeiten, verstärken sich so. Eltern können auch von ihren Kindern lernen, indem sie beobachten, wie die Kinder an Konflikte herangehen, wie sie auch den Alltag angehen.

Sinnvoller als Kinder vor schlechten Erfahrungen zu bewahren ist es, sie vertrauensvoll auf ihrem Weg durch kritische Phasen zu begleiten.

Eigene Erfahrungen machen

Sie können und sollen gerade als Eltern ihrem Kind Frustration und Selbstzweifel nicht ersparen, ganz gleich in welchem Alter ihr Kind gerade ist. Eine solche Erfahrung ist wichtig für die Entwicklung und Entfaltung seiner Persönlichkeit.

★ Bestärken Sie Ihr Kind darin, was es tun könnte, um sich wieder positiver wahrzunehmen.

★ Bleiben Sie miteinander im Gespräch.

★ Lassen Sie es von den Gefühlen erzählen, die es wahrnimmt, wenn es in sich hineinhört.

★ Bestärken Sie in Ihrem Kind das Gefühl der Eigenverantwortung, damit es lernt, selbst Verantwortung für seine Handlungen und Gefühle zu übernehmen. So wird es, wenn es erwachsen geworden ist, als gefestigte Persönlichkeit mit beiden Beinen im Leben stehen.

WISSEN, MUT UND KRAFT

 Angstfaktoren in unserer heutigen, immens technisierten Welt, nehmen gerade bei Kindern immer mehr zu. Die Geborgenheit und den Schutz im Schoße einer Großfamilie zu finden, ist selten geworden. Oft schon sehr früh auf den eigenen Füßen zu stehen, macht Kinder häufig unsicher und verletzlich. Nur in Sicherheit und mit dem Beistand ihres Umfeldes können sie es schaffen, ihr Selbst zu verwirklichen.

Ängste erleben

Es ist wichtig, die Ängste bei einem Kind zuzulassen, es dabei ernst zu nehmen und ihm gleichzeitig zu helfen, seine Stärken zu betonen und die persönlichen Begabungen zu entwickeln.

Der Schutzmechanismus Angst hat den Sinn, alle Körperfunktionen in höchste Alarmstufe zu versetzen. Früher war das für die Menschen wichtig zum bloßen Überleben. Angst löst z. B. Gefühle aus, die zur Flucht bewegen. Unsere Vorfahren konnten sich so vor Raubtieren retten. Angstbesetzte Situationen wurden vermieden, so gut es eben ging.

Wer hat heute noch Angst vor einem Tiger? Real haben wir keinen Grund mehr dazu. Wir sind vor den Raubtieren in der Regel geschützt. Es gibt aber auch eingebildete Ängste, so genannte Phobien. Sie nehmen in unserer Gesellschaft mehr und mehr zu.

Unsicherheit erzeugt Angst

Sind wir Erwachsene oft nicht schon stark verunsichert durch die ständige Veränderung unserer Umwelt? Dazu kommt oft die Angst vor Leuten und Orten, die nicht in die eigene Weltanschauung passen. Es ist klar, dass fremde Vorstellungen und Gewohnheiten gegen eigene, selbst auferlegte Grenzen prallen, die heftig mit anderen Stilen und Möglichkeiten konfrontiert werden. Ob Gewalt oder Technologie, was ist heute letztendlich noch überschaubar? Daher wirkt vieles in unserer Umwelt auf uns beängstigend und bedrohlich.

Furcht bei Kindern

Wie gehen unsere Kinder damit um? Permanente Reizüberflutung, Lärm und Hektik bedrohen ihren Alltag. Da Kinder oft schon durch massive Umweltreize von ihrem Urgefühl der Sicherheit und Geborgenheit getrennt sind, fürchten sie sich vor dem Unbekannten. Situationen und Ereignisse, die ihnen noch nicht vertraut sind, besetzen sie mit negativen Erwartungen und Vorstellungen. So wird es natürlich schwierig, auf der Basis von Angst und Pessimismus Gefühle wie Sicherheit und Vertrauen in eigene Fähigkeiten zu entwickeln.

Die Entspannungsübung

Stellen Sie für die folgende Ruheübung eine brennende Kerze im Zimmer auf. Sie dient bei dieser Übung nicht nur der gemütlichen Atmosphäre, sie ist auch Konzentrationshilfe und immer auch Symbol des Lichtes, der Auferstehung und der Wärme. Diese Ruheübung erleichtert ihrem Kind, den Übergang zu finden von der Anspannung des Tages hin zur Entspannung, um sich einzulassen auf innere Harmonie und Gelassenheit, die es aus den Loslassgeschichten schöpfen und verinnerlichen kann. Dunkeln Sie den Raum ein wenig ab, sorgen Sie für eine ruhige, behagliche Atmosphäre und lesen Sie nun:

Für diese Entspannungsübung braucht man eine Kerze. Das Licht beruhigt und fördert die Konzentration auf die eigene Person.

Setze dich hin und erspüre für dich ganz deutlich den Fluss deines Atems. Über den Rachen, den Hals, den Brustkorb bis in den Bauch hinein bist du verbunden mit deinem Atemfluss, mit deiner Energie, dein Atem, der so einzigartig ist wie du selbst. Schau nun einmal ganz bewusst in das Kerzenlicht und stell dir vor, wie diese Energie, dieses Licht der Kerze mit deinem Atem durch deinen Körper fließt. Nimm die Flamme ganz deutlich in dich hinein und schließe dann deine Augen. Mit dem Licht hast du nun auch den Frieden, den diese Kerze ausstrahlt, in dein Innerstes hineingenommen und bist mit jedem Atemzug mehr und mehr erfüllt von diesem inneren Frieden. Du fühlst Frieden und lächelst, und auch dein inneres Lächeln fließt mit jedem Atemzug durch deinen Körper und Geist. Mit jedem Atemzug wirst du innerlich ruhiger und gelassener, all deine Anspannungen des Tages, Zweifel und Ängste lösen sich einfach auf. Mit jedem Atemzug mehr und mehr. Immer mehr Licht und Frieden füllen dich aus, so viel, dass du genug übrig hast für alle Menschen, die du liebst, aber auch für diejenigen, mit denen du einen Konflikt zu lösen hast. Ihnen allen schickst du nun einen friedvollen, liebevollen Gedanken, der dir hilft, ruhiger und harmonischer zu werden. Dein Körper atmet nun ganz von allein, ist wohlig warm und entspannt, und du ruhst, ruhst ganz tief aus.

Der geheimnisvolle Wasserfall

▶ Die Sonne steht hoch am blauen Himmel, ein paar Möwen lassen sich mit dem Wind durch die Lüfte tragen. Tiefe Stille ist um dich herum, nur die Möwen machen mit ihren Lauten auf sich aufmerksam. Das blaue Meer liegt ruhig und fast unbeweglich da. Die Wellen laufen zum Ufer hin sanft aus. Du liegst in einem Ruderboot und fühlst die Bewegung der Wellen. Wellenberg und Wellental treiben das Boot gemütlich, ganz sanft hin und her. Dein Atem fließt wie der Wellenberg ganz sanft ein, und beim Wellental wieder aus. Lass dich einfach treiben, einfach geschehen lassen. Gib dich diesem Wellenspiel hin, und dann fühlst du auch den ganze Körper nur noch leichter und leichter werden. Du genießt die Leichtigkeit des Treibenlassens, und auch die Möwen genießen es, ein Spiel des Windes zu sein. Durch dieses sanfte Schaukeln fühlst du nun auch deinen ganzen Körper immer schwerer und schwerer werden. Wohlige Müdigkeit breitet sich aus. Die Wellen übernehmen die Führung deines Bootes. Getragen von deiner Müdigkeit und Schwere, lässt du dich vertrauensvoll führen. Du wirst zum Spiel der Wellen und des Windes.

Wie lange es wohl schon so geht? Durch die Leichtigkeit des Treibenlassens wird die Zeit zur Illusion.

Plötzlich rums, ein schabendes Geräusch an der Bootunterseite. Ganz überrascht blickst du dich um. Welch ein bezaubernder Ort. Grüne Palmen wiegen sich in der lauen Luft, die Sonne spiegelt sich noch mit ihrer vollen Kraft im Wasser. Blumen und Blüten siehst du hier, in ihrer schönsten Farben- und Formenpracht. Der Wind trägt die Geräusche der Natur an dein Ohr und nimmt deine Sinne ein. Du hörst Vögel und Insekten mit ihrem Zirpen und Summen, die Blätter der Palmen und der anderen Bäume, durch die der Wind sanft bläst, das sanfte An- und Auslaufen der Wellen. In der glatten Meeresoberfläche spiegelt sich dein Gesicht, so dass du gleich Lust hast, ein paar lustige Grimassen zu ziehen. Doch da fesselt etwas ganz anderes deine Aufmerksamkeit.

Neben dir auf der Oberfläche des Wassers taucht eine ganz
andere Grimasse auf. Du wendest deinen Blick, und du siehst
keine Grimasse, sondern neben dir eine Riesenschildkröte.
Gigantisch! Welch ein Anblick! Die Augen spiegeln Sanftmut,
Klugheit und ein tiefes Wissen. In ihrer Anwesenheit fühlst du
dich gleich wohl.
»Was hat dich denn hierher verschlagen?«, fragt sie. »Übrigens,
ich heiße Thelma.« Du stellst dich noch ganz verdutzt vor und
erzählst von deiner Ankunft. »Welch gute Fügung«, sagt die
Schildkröte, »dass du gerade auf dieser Insel gelandet bist. Es ist
eine ganz besondere Insel, hier gibt es einen geheimen Ort, den
nur wir Riesenschildkröten kennen, eine besondere Stelle der
Kraft. Er vertreibt alle Ängste, die in kleinen Kinderherzen
ruhen und verborgen sind, und schenkt Sicherheit und Vertrauen. Den will ich dir gerne zeigen.«
Thelma, die Riesenschildkröte, wendet sich ab und bewegt sich
langsam und bedächtig dem Inneren der Insel zu. Du folgst ihr
und spürst, dass es nur gut sein kann, an diesem besonderen
Ort Sicherheit und Vertrauen zu gewinnen, damit Ängste für
dich völlig bedeutungslos werden.

Ihr dringt ein in ein dichtes, grünes Blättermeer. Es ist mühsam, sich in diesem Dickicht zu bewegen, und prompt – der Gedanke daran reicht schon aus – liegst du auf der Nase. »Na, was ist denn«, brabbelt die sanfte Thelma vor sich hin, »hast wohl den Boden unter den Füßen verloren? Komm, setz dich auf meinen gepanzerten Rücken, ich bin stark genug, um dich zu tragen.«

»Vielen Dank für deine Fürsorglichkeit.« Dankbar nimmst du Platz, und die Reise geht weiter.

Im gleichen Moment spürst du, wie all die Kräfte der Riesenschildkröte, ihre Sanftmut, ihre Klugheit und ihr tiefes Wissen, auf dich überfließen. Es ist, als würden ganze Energieladungen von deinen Füßen und Beinen über den Rücken, Hände und Arme bis in deinen Kopf strömen. Du beginnst von innen heraus zu strahlen. »Ich fühl mich so wohl, wie tief verzaubert.« Flüsternd bringst du diese Worte hervor. »Ja, wir kommen diesem geheimen Ort der Kraft immer näher, du kannst es schon genau spüren.« Thelma, die riesige Schildkröte, schiebt sich noch ein wenig vorwärts, da öffnet sich eine Lichtung.

Voller Verzauberung und Bewunderung, dass die Natur so einen phantastisch wunderschönen Platz schaffen kann, bist du erstmal sprachlos. Die Sonne erhellt durch ihre Strahlen, die sich in den Blättern brechen, diesen Platz und taucht ihn in goldenes Licht. In dieser Stille hörst du ein lautes Plätschern, ein riesiger Wasserfall prasselt in einen kleinen See, der vor dir liegt. »Geh nur recht nah hin«, spricht Thelma, die Schildkröte, »und höre seine Botschaft.« Neugierig geworden, setzt du dich auf einen großen Stein und lauschst. Tatsächlich, aus dem Plätschern des Wassers ist leises Gemurmel geworden.

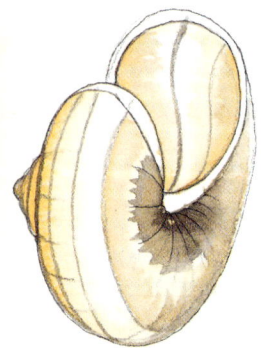

»Ängste sind ohne Bedeutung, ohne Schein,
richte dein ICH auf das wahre Sein.
Schau hin auf deine Stärken, deine Kraft, deinen Mut,
daraus schöpfst du Freude, dein Lachen,
und alles wird gut!«

Immer wieder und wieder nimmst du ganz magisch diese Worte in dein Innerstes auf, ganz tief ist dieses Wissen in dir nun verankert, und wirklich sind Ängste für dich vollkommen bedeutungslos geworden. Thelma, die Riesenschildkröte, sagt ganz leise zu dir: »Weißt du, jedesmal, wenn du nun schläfst, wird in deinen Träumen diese Botschaft der Sicherheit dein Begleiter sein. Aus dieser inneren Sicherheit heraus wirst du aus deiner eigenen Quelle schöpfen können, so dass Ängste für dich wirklich ganz unwichtig sind.«

Noch ganz befangen von diesem wunderbaren Erlebnis, geht ihr dann wieder zum Boot zurück. Auf jedem Schritt, auf jedem Tritt, geht nun auch deine innere Sicherheit mit.

»Ich wünsche dir eine gute Heimreise«, sagt Thelma und winkt dir noch eine kleine Weile nach, bis auch die Riesenschildkröte ganz klein geworden ist. Sie spürt deine Dankbarkeit.

Du fühlst dich nach diesem Abenteuer, nach deinen neuen Erfahrungen und Erkenntnissen, deinem tiefen Wissen in die eigene innere Sicherheit, ganz müde geworden, liegst in deinem Ruderboot und fühlst die Wellen unter dir.

Wellenberg und Wellental begleiten dich wie dein Atem, der beim Einatmen in dich hineinfließt und beim Ausatmen aus dir herausströmt. Jedes Ausatmen bedeutet für dich noch einmal loslassen von Ängsten, die noch irgendwo in deinem Körper, in deinen Gedanken sind, während du dich einfach nur treiben lässt. Müde und angenehm schwer sinkst du nun mit jedem Atemzug, wirklich mit jedem Atemzug, tiefer und tiefer in Ruhe und Gelassenheit, in einen tiefen, angenehmen Schlaf.

Für dich ist wirklich gut gesorgt, alles, was du brauchst, ist einfach da. Die Augen der Riesenschildkröte tauchen noch einmal vor dir auf, all ihre Sanftheit, Klugheit und ihr tiefes Wissen sind nun auch Bestandteil deiner Seele und deiner Gedanken geworden.

Angstbewältigung

Kinder mit eigenen, erwachsenen Ängsten zu belasten, verhindert eher eine Entwicklung hin zu Sicherheit und Vertrauen. Bei Erwachsenen spielen schlechte Erfahrungen und Ängste eine größere Rolle als bei Kindern.

Angstgefühle sind eine normale Erscheinung, die jedem Menschen, ob Kind oder Erwachsener, immer wieder begegnen. Wichtig ist es zu lernen, wie man mit der eigenen Angst richtig umgeht.

Eine wesentliche Voraussetzung, um mit Angst und Konflikten zurechtzukommen ist, dass man Angst durch Veränderung seines Blickwinkels anders betrachten kann. Zu erfahren, dass Angstgefühle ernst genommen werden, die Persönlichkeit nicht abgewertet oder gar lächerlich gemacht wird, schafft Geborgenheit, Vertrauen und Sicherheit. Sicherheit macht Angst überflüssig.

Sicherheiten schaffen

Der Reifungsprozess des Kindes wird durch unsere positive Reflexion nur verstärkt. Der Rhythmus unseres Alltags schafft dem Kind bestimmte festgelegte Möglichkeiten und ebensolche Beschränkungen. Durch die Selbsterfahrung und Selbstreflexion im Umgang mit der eigenen Angst ermöglichen wir es dem Kind, zunehmende Gesundheit, Vitalität und gesteigertes Bewusstsein zu entwickeln. Aus dieser inneren Stärke heraus wird es sich mit Ängsten bewusst auseinandersetzen und sich ihnen öffnen können.

Weniger hilfreich ist es, das Kind mit den Ängsten des Erwachsenen zu konfrontieren. Solche Unsicherheiten beunruhigen nur, die Kinder können womöglich furchtsam und schüchtern werden.

Darüber reden

Es gilt für Eltern abzuwägen zwischen ihrer eigenen Angst und der Ehrlichkeit gegenüber dem Kind. Zeigt man dem Kind, dass man auch mal Angst hat, vor einer Fahrprüfung, vor dem Tanzball mit dem Chef, vor einem Vortrag, den man halten soll, dann versteht es die Angst als eine normale Reaktion auf unbekannte, fremde Ereignisse. Anders ist das mit irrationalen

Befürchtungen. Wer Angst hat vor Haustieren oder im Dunkeln, bei Gewitter usw., der sollte versuchen, diese Gefühle nicht auch auf sein Kind zu übertragen. Es verunsichert unnötig, lässt das Kind nicht offen der Welt gegenübertreten und versperrt ihm womöglich durch eine vorgelebte Ängstlichkeit Wege, seine Umwelt zu erleben.

Um Kindern helfen zu können, mit ihren Ängsten umzugehen, sollten Eltern genau hinhören und auch scheinbar phantastische Äußerungen der Kinder ernst nehmen.

Wie können Sie helfen, Ängste zu beseitigen?

★ Sprechen Sie mit Ihrem Kind über seine Ängste. Reden hilft, festgefahrene Vorstellungen aufzulösen.

★ Zeigen Sie ihm, dass Angst zu haben etwas Natürliches ist, erzählen Sie von einigen Ihrer Ängste.

★ Helfen Sie Ihrem Kind, eine Position der Stärke gegen die Angst zu entwickeln (auch mit Hilfe von Kuscheltier oder Nachtlämpchen usw.).

Solidarität mit den Kindern

Ein schönes Ziel für die Gemeinschaft von Eltern und Kindern ist es, gemeinsam stark zu sein und sich der kindlichen Angst zu stellen. Wir Eltern sollten dabei wissen, dass Ängste bei unseren Kindern immer mit Enge, aber auch mit Furcht vor Verlassenwerden besetzt sind. Sie haben die wunderbare Möglichkeit, im Gespräch mit Ihrem Kind Kraft und Stabilität zu vermitteln und Wege und Möglichkeiten zur Veränderung aufzuzeigen. Dabei positive und konstruktive Wege und Lösungsmöglichkeiten zu besprechen, nimmt dem Kind die Angst vor der Angst. Achten Sie darauf, was Ihnen Ihr Kind sagt. Verwechseln Sie seine Angst nicht mit Ihren eigenen Ängsten. Nur dann können Sie ihm auch wirklich helfen, mit seiner Angst umzugehen.

Sicherheit, Wärme, Nestwärme stabilisieren die Seelenkräfte des Kindes, so dass eine dauerhafte Veränderung hin zur Sicherheit erreicht wird. Durch unseren Einfluss, durch Bejahung und Bestärkung, können wir dazu beitragen, dass sich unser Kind zu einem zufriedenen Menschen entwickelt.

VON ÄUSSEREN REIZEN ABSCHALTEN

 Kinder werden ständig von ihrer Umwelt beeinflusst. Dadurch, dass wir oft wegen Berufstätigkeit nicht ausreichend Zeit für unsere Kinder haben, erhalten sie Dauerberieselungen durch Computer und Fernsehen. Wir nehmen hauptsächlich die Auswirkungen auf die Kinder wahr. Wiederholtes Bettnässen, schlimme Träume und anderes zeigen, wie wichtig es ist, Ruhe und Geborgenheit durch feste soziale Bindungen zu vermitteln.

Reizüberflutung durch Medien

Ein Überangebot an Information und Reizen von außen schafft innere Unsicherheit - nicht nur bei Kindern.

Vor den massiven Reizüberflutungen in unserer heutigen Zeit sind wir alle nicht mehr geschützt. Informationen strömen den ganzen Tag über uns herein. Durch Zeitung, Radio, Fernsehen sind wir ständig über die neuesten Ereignisse in der Welt auf dem Laufenden, Werbung und die Warenflut in den Kaufhäusern wecken Bedürfnisse. Wir werden verunsichert, der eine nicht so durch seine Persönlichkeit gefestigte mehr, der andere weniger. Körper und Seele unserer Kinder können diesen Umstand oft kaum mehr verarbeiten. Sie werden durch die Reize, die von außen auf sie einstürmen, in ihrer Persönlichkeit sowohl positiv als auch negativ verändert.

Wohin mit den eigenen Energien?

Das beidseitige Vollberufsbild sowohl der Mutter als auch des Vaters lässt es zu, dass besonders die Medien Computer und Fernsehen von unseren Kindern Besitz ergreifen. Oft unzählige Stunden am Tag werden sie berieselt, beeinflusst, geformt von diesen elektronischen »Kinderbetreuern«.

Da Lebenserfahrung auch Körpererfahrung bedeutet, fehlt dem Kind natürlich die Aktivität der Bewegung, um mit dem Zuviel an Reizen von außen fertig zu werden. Dadurch sind diese Kinder, besonders wenn sie zur Ruhe kommen sollten, äußerst lebhaft und unfähig liegen zu bleiben. Der Ablösungsprozess von dieser Überreizung hin zum Schlafen gestaltet sich meist äußerst konfliktbeladen für die ganze Familie. In dieser Phase des Zur-Ruhe-Kommens herrscht oft tiefe Zerrissenheit von Gedanken und Gefühlen des Kindes.

Vom Kind wird dieser Überdruck in der Nacht nach außen abgegeben, es wird oftmals wieder zum Bettnässer, leidet unter schlechten Träumen oder muss nachts weinen und sucht Zuflucht im elterlichen Bett.

Die Entspannungsübung

Die folgende Ruheübung erleichtert Ihrem Kind den Übergang von der Anspannung des Tages hin zur Entspannung. Es fällt dadurch leichter, sich auf die innere Harmonie und Gelassenheit, die es aus den Loslassgeschichten schöpfen und verinnerlichen kann, einzulassen.

Sorgen Sie für eine behagliche Atmosphäre, dimmen Sie ein wenig das Licht, damit ein angenehmes Klima entsteht. Dann beginnen Sie langsam und deutlich zu lesen:

Die Hände werden kurz zu einer Faust geballt, um beim anschließenden Loslassen noch die Durchblutung besser spüren zu können.

Du liegst ruhig und entspannt auf deiner Unterlage, findest mit jedem bewussten Atemzug mehr und mehr in deine Mitte und in deine Ruhe hinein. Folge ganz bewusst deinem Atemfluss, über Rachen und Hals, Brustkorb, bis tief in deinen Bauch hinein und beim Ausatmen wieder ganz sanft zurück.

Fühle den Kontakt deines Körpers zu deiner Unterlage, du bist ganz sicher getragen, und dieses Gefühl der Sicherheit nimmt mit jedem Atemzug zu. Jeder Atemzug lässt dich ruhiger und harmonischer werden, und alle Ereignisse des Tages treten mehr und mehr in den Hintergrund.

Deine Arme liegen wohlig entspannt seitlich am Körper. Spüre nun in deine rechte Hand hinein, balle sie für einen kurzen Moment zur Faust, fester, noch fester – und wieder loslassen. Die rechte Hand entspannt sich wieder, die Hand ganz locker fallen lassen. Spüre, wie die Spannung langsam entweicht.

Ruhig und tief weiteratmen, nie den Atem anhalten, den Atem sanft fließen lassen, so kommt wieder Ruhe in deinen Körper. Balle nun die linke Hand zur Faust, fester und fester, einen Moment halten – und wieder loslassen. Entspanne dich wieder, die Hand ganz locker und gelöst fallen lassen. Fühle, wie die Spannung langsam wieder entweicht, spüre für dich den angenehmen Unterschied zwischen Anspannung und Entspannung. Nimm dieses angenehme Gefühl der Entspannung mit in deinen Atem, fühle den angenehmen, harmonischen und ruhigen Atemfluss in deinem Körper.

Balle nun beide Hände zur Faust, presse die Finger ganz fest zusammen, noch fester, noch fester, gut so. Nun entspanne dich wieder, lass die Hände locker fallen und fühle, wie die Spannung langsam entweicht. Fühle den angenehmen Unterschied. Lass deinen Atem ganz ruhig und angenehm fließen. Du bist ruhig und entspannt, dein Atem fließt ganz gleichmäßig ein und aus, und mit jedem Atemzug lässt du dich tiefer sinken in dieses Gefühl der Gelassenheit. Du sinkst tiefer und tiefer, es ist ja auch wirklich ein schönes Gefühl, einfach loszulassen, sich treiben zu lassen, nichts tun zu müssen, nichts zu wissen, einfach auszuruhen, und so spürst du deinen Atem, der dir Ruhe bringt.

Dein Körper atmet nun ganz von selbst, ganz von allein, ist wohlig warm und entspannt, und du ruhst, ruhst ganz tief aus.

Der Schmetterlingstraum

► Eingebettet in eine Seenlandschaft, die so wunderschön ist, dass nur unsere Kinder durch ihre Reinheit sie wahrnehmen können, liegt das Schmetterlingsland. Es ist ein Land, in dem man die Schönheit der Schöpfung aufnehmen und sie erfahren darf.

Hunderte, tausende, einfach unzählige von Schmetterlingen in ganz eigenartigen, wunderbaren, manchmal auch ganz ungewöhnlichen Farben und Formen, schwirren in voller Leichtigkeit und Anmut der Sonne entgegen.

Es ist eine Sanftheit und eine Leichtigkeit zu spüren, die in unserem Leben scheinbar abhanden gekommen ist. Du aber fühlst die Sicherheit und Geborgenheit bei dir zu Hause, in deinem Bett, und mit jedem Atemzug fließt mehr die Leichtigkeit dieser Schmetterlinge in deinen Atem. Ganz sanft, hin und her, fühlst du beim Einatmen, wie sich der Bauch hebt und beim Ausatmen wieder senkt. Ganz ruhig und leicht lässt du dich tragen, weitertragen.

Vor dir entsteht nun ein Schmetterling, wie du noch nie zuvor einen gesehen hast. Seine schillernde Pracht, seine Einzigartigkeit, seine unermessliche Schönheit halten dich ganz gefangen. »Komm doch mit auf meine Reise«, sagt er, und schon sitzt du auf seinem Rücken und es geht los. Weg von dem Lärm, der Hektik, weg vom Fernsehaltar und deinem Computerthron, lässt du dich ein auf eigene Erlebnisse und Erfahrungen, lässt du dich ein auf deine ursprüngliche Lebendigkeit. Und schon gleitest du dahin, auf den Flügeln des Schmetterlings, du siehst dein Haus immer kleiner und kleiner werden, die Häuser in deiner Straße kleiner und kleiner werden. Einen Blick wirfst du noch hinein: Jedesmal das gleiche Bild, die Leute sitzen vor dem Fernseher, eigentlich egal, wie schön oder hässlich das Haus ist, die Tätigkeit bleibt die Gleiche – fernsehen. Du hörst keine Gespräche, kein Lachen, keiner sieht den anderen an, siehst nur monotone und gelangweilte Gesichter. »Wenn man das so von oben sieht«, denkst du, »ist man eigentlich ganz schön einsam.« Aber schon geht die Reise weiter. Dein Haus und schon die ganze Stadt werden immer kleiner und kleiner unter dir. Du lässt dich einfach nur tragen von der Leichtigkeit und der Schönheit des Schmetterlings, voller Freude auf die Dinge und Erlebnisse, die auf dich warten.

Ihr fliegt immer weiter und weiter wie durch einen Tunnel, der durchflutet ist von einer angenehmen Helligkeit. Ganz ausgelassen fliegt ihr umher, hinauf und hinunter, ganz sicher trägt dich dein Schmetterling auf dieser dir unbekannten Reise. Angst ist dir allerdings ganz fremd, obwohl du, bei dir daheim, nicht zu den Helden gehörst. Dich einzulassen auf neue Abenteuer, Erfahrungen und Erlebnisse, macht dir immer mehr und mehr Spaß, du fühlst, wie unwichtig die ständige Sicherheit in deinen eigenen vier Wänden mit ihrem Fernseher und Computer für dich wird. »Ich hab Mut, mir geht es gut«, redest du dir selbst immer wieder ein, und du fühlst dich so wohl, wie schon lange nicht mehr.

Da wird dein Blick angezogen von einem kleinen Funkenregen, der aussieht wie glitzernde Lichtbündel, die sich wild durcheinander bewegen, aber dabei ganz ruhig und sanft sind, ohne Hektik.

Du siehst genau hin und nimmst wahr, dass die Lichtbündel unendlich viele Schmetterlinge sind, die sich bewegen wie eine Wolke im Wind, mit so viel Schönheit und Glanz, dass du selbst nur noch ruhig und gelassen bist. »Meine ganze Familie«, sagt stolz dein Begleiter. »Hier können wir froh und glücklich sein, leben, ohne dass uns von außen etwas stört oder aus der Ruhe bringt. Auch du kannst dein Leben so formen, wie du es haben willst, stell es dir nur andauernd so vor.«
Da du im Moment aber voller Bewunderung für diese Schmetterlinge bist, die sich scheinbar mühelos Lebensfreude gönnen, wirst du fast ein wenig neidisch.
Schwupps! fühlst du den großen Wunsch in dir, dich dem Reigen dieser Schmetterlinge anzuschließen. »Wir heißen dich herzlich willkommen«, hörst du von allen Seiten, »wir sind sehr froh, dass du hier bist und den Weg zu uns gefunden hast. Heute ist der richtige Zeitpunkt, der richtige Moment, wirklich Wichtiges von Unwichtigem zu trennen.«
Es macht dir so viel Spaß, mit den anderen herumzualbern, dass du erst jetzt begreifst, wie viel du von deiner kostbaren Zeit vertan hast, dein innerstes Kind nicht mehr herauszulassen, nicht mehr zu spielen und unbeschwert zu sein. Der ständige Blick in das Fernsehangebot und in den Computer scheint deinen Blick getrübt zu haben für die Dinge, die dir wirklich gut tun. Du spürst gar nicht mehr, wie die Zeit vergeht. Langsam nimmt der phantasievolle Tanz ein Ende und viele, viele, viele kleine Farbtupfer, deine Freunde, die Schmetterlinge, lassen dich ganz in ihrer Mitte sein.
»Ja, so ein schönes Gefühl ist es, wenn man aktiv an etwas herangeht und seine Lebensfreude nach außen trägt«, flüstert ein kleiner, rubinroter Schmetterling. »Du brauchst nicht zu warten, dass irgend jemand an deine Tür klopft und dir sagt, was gut für dich ist«, sagt ein kleiner, hellblauer. »Du musst für dich selbst sorgen und Erfahrungen machen, so wirst du selbstbewusst und stark und brauchst deinen Blick nicht ständig in die Ferne, den Fernseher, zu lenken. In dir selbst findest du Spaß, Spiel und Spannung.«

So und ähnlich sprechen viele Stimmen ganz liebevoll mit dir.
»Wir haben dich gebraucht, damit du dein neues Bewusstsein und deine Gefühle mit deinen Freunden teilst, und du wirst sehen, wie viel Spaß und Lebensfreude bei euch einkehrt. Du wirst ernten, was du gesät hast. Alles, was ihr benötigt, habt ihr grenzenlos zur Verfügung. Aber denke immer daran: Stell dir nur recht oft in deinen Gedanken vor, welche Ziele du erreichen willst, dann ist alles ganz einfach, denn du hast die Kraft, die alles schafft.«
Dann ist es auch schon wieder Zeit zurückzukehren. Der Schmetterling setzt zum Abflug an, und schon schwebst du den schönsten Lüften entgegen. Du blickst dich noch einmal um, und mit ihren Flügeln winken dir deine neuen Freunde nach. Jedesmal, wenn du nun einen Schmetterling siehst, wird dir all das Gesagte ganz deutlich in Erinnerung kommen.
Der Flug ist wieder ganz phantastisch, schon siehst du deine Stadt unter dir, die Häuser in deiner Straße liegen dunkel vor dir, scheinbar sind alle schon schlafen gegangen. Die Lichter, auch die der Fernseher, sind schon gelöscht, oder vielleicht ist deine Nachricht über das Bewusstsein und Gefühl der anderen schon angekommen?!
Nun landest auch du wieder in deinem Haus, in deinem weichen Kissen, und gibst dich, ganz müde geworden, deiner Schwere hin. Es ist schön heimzukommen. Viel Gutes und Wichtiges durftest du erfahren, lernen und mitnehmen aus diesem schönen Land der Schmetterlinge. Du weißt auch, du kannst es umsetzen, denn du hast die Kraft, die alles schafft.
So müde, so unendlich schwer, sinkst du mit jedem Atemzug immer tiefer und tiefer, so dass dein ganzer Körper wohlig entspannt in den wohltuenden Schlaf gleitet, in welchem die Schmetterlinge dich auf deinen angenehmen Träumen leise begleiten.

Richtiger Umgang mit Medien

Fernsehen für Kinder muss kein Verderben sein. Es kommt darauf an, wie man ihnen den Fernsehumgang zu vermitteln weiß. Ausgewählte Sendungen, vielleicht gemeinsam angesehen, können Spaß und Informationen bringen.

Wieder können wir durch eigene Verhaltensmuster sehen, inwieweit wir Erwachsenen selbst uns, durch Überflutung äußerer Reize, »leben lassen«. Der Fernseher bestimmt das Abendprogramm, greift teilweise sogar in den Tagesrhythmus ein. Wie viel Zeit nehmen wir uns denn zur Entspannung, zum Loslassen des Alltags? Es ist nun mal nicht möglich, den Fernseher einzuschalten, um abzuschalten. Wir erfahren einfach zu viel an Berieselung von außen. Was sich auf dem Bildschirm allabendlich abspielt, hat mit unserem eigenen, privaten Leben eigentlich nichts zu tun. Es lenkt uns ab, führt uns aber nicht zu innerer Ruhe und Ausgeglichenheit, weil ständig neue Reize aufgebaut werden durch spannende Geschichten, schockierende Nachrichten oder Sensationsberichte.

Fernsehen in der Kinderwelt

Den Kindern nehmen wir durch diese ständige Reizüberflutung die Möglichkeit der Selbsterfahrung bei Sport und Spiel mit ihren Freunden und Kameraden. Die Zeit, die sie heute häufig vor dem Fernseher oder mit Computerspielen allein im Zimmer verbringen, wurde früher schließlich auch gefüllt. Kinder brauchen viel Zeit zum freien Spiel. Sie entwickeln im Laufe eines Spiels Möglichkeiten, fortzufahren, vertiefen sich darin und leben für Stunden in ihrer Spielwelt. Die Bewegung während des Spiels ist äußerst wichtig in physiologischer Hinsicht. Körperliche Bewegung, besonders draußen, an der frischen Luft, fördert zuallererst die Motorik des Kindes, aber über die Körperwahrnehmung auch seine geistige Ausgeglichenheit, Leistungs- und Konzentrationsfähigkeit.
Seit es das Fernsehen in jedem Haus gibt, besteht auch kaum mehr die Möglichkeit, Langeweile, die so wichtig ist, um sich selbst zu spüren und zu erfahren, wahrzunehmen. Aus einem Zuviel an freier Zeit mit sich selbst können Kinder lernen, eigene Ideen, Kreativität und Spontanität zu entwickeln. Wird diese freie Zeit mit Medienangeboten oder Nachmittagsveran-

staltungen wie Turnen, Musik- und Sprachunterricht bis zu vier Mal wöchentlich voll gestopft, werden Kinder ihre Eindrücke, die sie von außen erhalten, niemals los. Sie lernen nicht, die Reize umzusetzen und für sich zu nutzen, da hierzu wiederum die Zeit fehlt.

Für die Hinführung zum Schlaf ist es wichtig, dass Kinder innerlich und äußerlich zur Ruhe kommen. Oft hilft es, noch einmal über die Erlebnisse (auch das im Fernsehen Gesehene) des Tages zu reden.

Nachmittage im freien Spiel

Nutzen Sie freie Zeit mit Ihrem Kind, um zusammen Strategien zu entwickeln, die Spaß machen, und gemeinsame Stunden effektiver zu gestalten. Es gibt viele Möglichkeiten dazu, Sie können Ihrer eigenen Kreativität freien Lauf lassen. Einige Beispiele:

★ Sie können je nach Jahreszeit mit Ihrem Kind im Wald Dinge sammeln, die zu Hause dekoriert oder verarbeitet werden.

★ Einfach mal wieder einen Spielplatzbesuch anbieten.

★ Essenseinkauf auf den Nachmittag verschieben und ihn gemeinsam mit dem Kind erledigen (es schreibt dann selbst eine Einkaufsliste oder gestaltet das Abendessen mit).

★ Mal- oder Bastelaktionen anbieten mit neu besorgten Materialien (dabei könnten schon mal Geschenke für besondere Gelegenheiten anfallen).

★ Geschichten erfinden und sich gegenseitig erzählen (kann sehr gut mit einem Spaziergang verbunden werden).

★ Spiel- oder Kramkisten von früher für einige Tage aus dem Keller hervorholen.

Ruhig einschlafen

Leben Sie abends besonders mit ihrem Kind die Rituale zur Ruhe, Entspannung und Gelassenheit. Eingepackt in Liebe und Geborgenheit z.B. noch ein warmes Bad zu genießen, hilft dem Kind wieder, sich in den Ruheprozess einzufinden. Kann sich auch der Körper entspannen, gelingt dies auch der Seele, diese beiden Komponenten wirken immer zusammen. Einem erholsamen Schlaf steht nichts mehr im Wege.

SICH AUF VER-ÄNDERUNGEN EINLASSEN

 Trennungen bedeuten für Kinder, eine kleine Insel der Sicherheit und Geborgenheit aufgeben zu müssen. Es können Sicherheiten sein, die ihnen vertraute Personen oder Begebenheiten vermitteln. Hier ist es ganz wichtig, ihnen aufzuzeigen, dass innere Sicherheiten stabil geblieben sind. Das Erkennen von zeitlosen Werten macht ihnen Mut für neue Lebensaufgaben, für neue Kontakte, und stärkt ihr Selbstvertrauen.

Sich trennen müssen

Während Erwachsene oft noch die Wahl haben, sich auf Trennungen und damit Veränderungen ihrer gewohnten Umgebung einzulassen, bleibt Kindern nichts anderes übrig, als sie zu ertragen.

Wir alle brauchen Stabilität und ein soziales Umfeld, in dem wir uns wohl fühlen. Wir suchen Menschen, bei denen wir uns aufgehoben und sicher fühlen, die uns unterstützen in unserem »Ich-Sein«, die einfach da sind. Wir wollen Freunde, die uns annehmen mit all unseren Stärken und Fähigkeiten, die aber auch zu unseren Fehlern und Schwächen o.k. sagen. So suchen wir uns einen Kreis, in dem wir uns nicht anstrengen müssen, anders zu sein, als wir wirklich sind.

Bewusste Veränderungen

Entscheiden wir uns Erwachsene dafür, diesen Kreis unserer Sicherheit zu verlassen, gehen wir meist mit einem lachenden und einem weinenden Auge. Nur sind wir es selbst, die diesen Prozess steuern, die diese Veränderung und Umstrukturierung bestimmen und wollen.

Viele soziale Faktoren machen es heute oft nicht möglich, wirklich »sesshaft« zu bleiben, sein Nest zu bauen bzw. auch auszubauen. Gezwungen oft durch Arbeitslosigkeit in der heimatlichen Region, werden wir aufgefordert, Altes, Vertrautes loszulassen und uns Neuem, Unbekanntem zu öffnen und uns neu zu orientieren.

Wenn die sichere Welt aufbricht

Veränderte Familienstrukturen, oftmals bei Trennung, Scheidung oder aber auch bei Tod, haben eine tiefe Bedeutung für Kinder. Sie erleben hier eine ungewollte Trennung von geliebten, vertrauten Personen, häufig gleichzeitig mit einer Veränderung des sozialen und wohnlichen Umfeldes.

Für Kinder bedeuten aber auch Freundschaften unendlich viel Sicherheit. Sie erproben und festigen in vertrauter Umgebung ihre Kommunikationsfähigkeit und setzen gemachte Erfahrungen konstruktiv um. Sie probieren aus der Sicherheit heraus gerne Neues.

Wenn andere Menschen außerhalb der Familie es schätzen, mit ihm zusammen zu sein, seine Freundschaft und Kameradschaft gesucht wird, spürt das Kind zum ersten mal seine Wertschätzung von außen. Daher sind Freundschaften für Kinder neben der Sicherheit im familiären Umfeld so wichtig, um Selbstvertrauen und gesundes Selbstwertgefühl aufzubauen.

Die Entspannungsübung

Vor der Geschichte zum Loslassen und Entspannen empfiehlt es sich, mit Ihrem Kind die folgende Ruheübung zu machen. Durch das bewusste Ein- und Ausatmen wird der Körper ruhiger, das Kind kann sich entspannen und besser auf den Inhalt der Geschichte konzentrieren. Es ist auch hilfreich, wenn Sie dazu eine behagliche Atmosphäre schaffen: an einem warmen Platz, mit heruntergedrehtem Licht, in ruhiger Umgebung. Dann lesen Sie vor:

Bei der Atemübung mit zugehaltenem Nasenloch spürt man deutlich, wie die Luft durch das offene Nasenloch strömt. Das erleichtert die Vorstellung des Atemflusses durch den ganzen Körper.

Du liegst sicher und geborgen auf dem Rücken, fühlst deinen Atem ganz leicht und sanft in dich hinein- und wieder aus dir herausströmen. Du atmest tief durch die Nase ein, fühlst deinen Atem über den Rachen, den Hals und Brustkorb bis tief in deinen Bauch strömen. Beim Einatmen hebt sich dein Bauch durch die Weite deines Atems, beim Ausatmen senkt er sich wieder. Ganz gleichmäßig und ruhig fließt dein Atem ein und wieder aus, und dein Körper sinkt tiefer und tiefer in dieses Gefühl der Schwere und des Getragenseins hinein.
Halte dir nun einmal mit einem Finger das linke Nasenloch zu und atme nur durch das andere Nasenloch ein und wieder aus. Dabei kannst du spüren, wie dein Atem ganz warm und beständig hinein- und herausströmt.
Halte nun das andere Nasenloch zu. Spüre auch dort den Fluss deines Atems ruhig und gleichmäßig strömen, prüfe doch einmal die Tiefe deines Atems. Bist du auch ganz verbunden mit der Weite deines Bauches? Spüre, ob sich dein Bauch beim Einatmen hebt und beim Ausatmen wieder senkt.

Nun atme wieder bewusst und gleichmäßig durch beide Nasenlöcher ein und aus, achte dabei auf den Fluss deines Atems und prüfe, wie tief du ein- und ausatmest. Atme ganz ruhig und gleichmäßig, ganz ohne Kraft ein und aus und fühle, wie du mit jedem Atemzug dynamischer und kraftvoller wirst. Genieße das tiefe und bewusste Atemholen, füll dich einfach an mit Energie und Freude, mit Lebensfreude.

Leg dir deine Hand auf deinen Bauch und fühle, wie er sich hebt und senkt, atme tief in den Bauchraum hinein und spüre dich. Sei ganz bei dir, bei deinem Atem. Du bist Atem!

Dein Körper atmet nun ganz von selbst, ganz von allein, ist wohlig warm und entspannt, und du ruhst, ruhst ganz tief aus.

Die Leichtigkeit der Pusteblume

► Lange, lange über die Unendlichkeit hinaus, in einem fernen Land, welches man nur über Kinderträume und wenn man mit dem Herzen gut sieht, erreichen kann, leben die kleinen Sternenkinder der Pusteblume.

Bevor die Sternenkinder dieses Land erreichen, leben sie lange, lange im Himmelszelt. Wenn du abends hinaufsiehst in den Sternenhimmel, dann kannst du die Sternenkinder ganz deutlich sehen. Viele, unendlich viele tanzen dort oben herum, jedes einzelne für sich, aber doch alle eins im Universum. Jedes hat für sich selbst schon spüren und erkennen müssen, dass es getrennt von anderen seine eigene Persönlichkeit hat, und so geniesst es den Tanz für sich allein, aber alle zusammen ergeben doch ein so unendlich schönes Bild von Anmut und Schönheit, dass jedes seine Bedeutung und seinen Stellenwert besitzt.

Schau doch nur einmal genau hin: Spürst du die Leichtigkeit der Sternenkinder? Diese Leichtigkeit kannst du hineinnehmen in deinen Atem. Jedesmal, wenn du einatmest, atmest du dieses angenehme Gefühl, leicht zu sein, tief in deinen Bauch ein, und beim Ausatmen lässt du den Atem wieder los. Überleg dir doch einmal, was du gerne loslassen möchtest, vielleicht hat dich heute etwas ganz besonders geärgert oder dir weh getan? Das

Bedrückende lässt du beim Ausatmen los und schon bist du wieder verbunden mit der Leichtigkeit der Sternenkinder.

Nachdem die Sternenkinder die schöne Erfahrung gemacht haben, ihre eigene Führung und Verantwortung zu übernehmen und dadurch das Miteinander so harmonisch und friedvoll zu erfahren, passieren die wundersamsten Dinge.

Auch du hast diese einzigartige Möglichkeit, die den Erwachsenen verschlossen bleibt, über deine Kinderträume und dein gutes, sehendes Herz die Sternenkinder zu erreichen. Und schon bist auch du am Himmelszelt und reihst dich ein in den Tanz der Einzigartigkeit. Du tanzt ganz allein für dich, spürst, was in diesem Moment nur für dich schön ist, probierst dich aus und weißt, dass es gut ist, sich der inneren Führung zu überlassen. Du bist einzigartig, aber doch mit allen verbunden, mit allen eins.

Durch dieses tiefe Wissen in die eigene, sichere Führung siehst du nun mit den anderen Sternenkindern zusammen einen hellen Silberstrahl, der auf euch zukommt. Wispernd und aufgeregt tuschelnd, stecken die Sternenkinder ihre Köpfe zusammen, aufgeregt hörst du zu. Über diesen Silberstrahl erreicht man das Land der Unendlichkeit.

Alle nehmt ihr Platz auf dem Silberstrahl und schon geht's los. Die Helligkeit schickt dir ein angenehmes Gefühl des Getragenseins und der Geborgenheit, und du fühlst, wie offen du für die Energie in deinem Körper bist. All die Blockaden, die du oft in deinen Gedanken fühlst, etwas nicht zu wollen oder zu können, glaubst, es nicht zu schaffen, krank, allein oder auch nicht genug geliebt zu sein, lässt du in der Unendlichkeit des Sternenhimmels zurück. Neue Kraft und Energie fließen auf der Reise durch das Universum durch deinen Körper und deine Seele, und du landest auch schon im Land der Pusteblumen.

Du fühlst eine große Freude in dir beim Betreten des Landes, und kannst dir eigentlich gar nicht erklären, warum. Überall siehst und hörst du nur Lachen und Fröhlichkeit, denn hier gibt es nur eins zu tun: sich der Leichtigkeit der Pusteblumen zu überlassen.

Du siehst, wie die Sternenkinder zu diesen riesigen Pusteblumen hinaufschweben, dann setzen sie sich in deren Blütenkelche, und wie von einem Windstoß angetrieben, segeln und schweben sie ganz leicht hinauf in die Lüfte, bis sie wieder sanft auf dem Boden aufsetzen. Welch ein Jauchzen! Welch einen Spaß die Sternenkinder dabei haben. Das gleiche Spiel wiederholt sich immer und immer wieder. Nachdem ganze Blumenmeere dieser Pusteblumen existieren, ist um dich herum ständig Bewegung, aber alles in absoluter Ruhe und Gelassenheit. »Komm, mach doch auch mit«, stößt dich ein Sternenkind sanft an, »was stehst du herum und schaust? Sei offen für neue Freunde und Erfahrungen, du bist für dich selbst verantwortlich und für deine verpassten Gelegenheiten.«

»Was ist denn das für ein Windstoß in dem Blütenkelch, der euch in die Lüfte schweben lässt?«, fragst du vorsichtig. »Das sind deine eigenen inneren Kräfte, die dich anblasen, um dich wieder anzufüllen mit dem, was gut für dich ist, und dich ermutigt, dem auch zu folgen und zu vertrauen. Mit jedem kleinen Windstoß, der gleichgestellt ist mit jedem Atemzug, den du tust, wird dir behutsam etwas von dem mitgegeben, was du wirklich brauchst.« Neugierig geworden, lässt du dich vertrauensvoll hinauftragen in den Blütenkelch – und ab geht's. Schon bist du erfasst von dieser Energie, die dich in die Luft trägt. All die Erkenntnisse der Sternenkinder gelangen voller Leichtigkeit in deine Gedanken, vergnügt und beschwingt lässt du dich auf dieses Spiel ein. Immer und immer wieder, bis all die Dinge, die du erfahren und klären wolltest, tief in dein Wissen eingedrungen sind, wiederholst du dieses Spiel. Du hast ein gutes Gefühl, dass du nun alles bekommen hast, was du brauchst und dass es nichts gibt, an dem du festhältst.

Du kleines Menschenkind darfst diese Unendlichkeit des Universums nun wieder verlassen. Alles, was du brauchst, hast du nun, um glücklich auf der Erde zu leben. Ein paar Sternenkinder begleiten dich noch ein Stück, andere winken dir nach.

Schon fühlst du wieder deinen Körper tief in dein Kissen hineinsinken, nach so viel Spaß und Vergnügen auf der langen

Reise unendlich schwerer und schwerer werden. Jeder einzelne Atemzug bringt noch mehr Schwere in deinen ganzen Körper. Plötzlich siehst du, dass sich eine Sternschnuppe vom Himmelszelt löst und sich auf den Weg zur Erde macht. Wo fliegt sie denn hin? Immer näher und näher kommt sie auf dich zu und – plumps, purzelt sie schon in dein Zimmer.

Diese Sternschnuppe ist nun immer bei dir, auch wenn sie oft unsichtbar ist. Diese Verbindung hilft dir, immer zu spüren, dass, wenn man auch von geliebten Dingen und Personen getrennt ist, trotzdem eine Verbindung zu ihnen besteht. Denn in Gedanken, oft auch in unseren Träumen, sind wir alle verbunden und reihen uns ein in den Tanz der Sternenkinder.

Trennungsängste überwinden

Haben Sie Verständnis für die Sehnsucht nach vergangenen Sicherheiten bei Ihrem Kind! Wir sollten uns deutlich machen, dass das Kind durch Trennungen von gewohnter Umgebung, von Freunden oder Familienmitgliedern seelische und körperliche Erschütterungen erfährt. Seine ganze persönliche Welt bricht dabei zusammen, zumindest scheint es für das Kind zunächst so. Aus diesem liebevollen Verständnis heraus müssen wir versuchen, eine gleichzeitige positive Erwartungshaltung des Kindes in das neue Umfeld zu verstärken. Wir leben im Heute, in der Gegenwart, so dass wir mit dem Kind gemeinsam entdecken dürfen, dass Bedauern über Vergangenes nur der Gegenwart im Wege steht.

Anstatt in Trauer und Selbstmitleid zu versinken, sollte man gemeinsam versuchen, das Positive an den eingetretenen Veränderungen herauszuarbeiten.

Neuem positiv entgegentreten

Es ist unsere Aufgabe, innere Zuversicht zu bestärken, ein Gefühl für Eigenverantwortlichkeit, Mut für neue Lebensaufgaben und Lebensfreude zu vermitteln. So wird das Kind sich annehmen können, auch mit seiner Traurigkeit, Altes loslassen zu müssen. Durch das Spiegeln Ihrer eigenen positiven Einstellung zu dem veränderten Umfeld wird es bald merken, dass neue Menschen zu ihm unterwegs sind und auf es warten.

FÜR MEHR SCHÖNE TRÄUME

 Bei Kindern, die nachts unter Alpträumen leiden, darf man davon ausgehen, dass Ängste oder Schockerlebnisse sie plagen. Vor allem sensiblere Kinder haben Schwierigkeiten, mit einem Zuviel an Reizen von außen umzugehen, und nehmen dann ihre Unsicherheiten und Ängste mit in den Schlaf. Durch Verständnis und Zuwendung wird das Kind den inneren Halt finden, um wieder neue positive Verhaltensmuster zu entwickeln.

Wenn Kinder Alpträume plagen

Es ist offensichtlich, dass ein Kind unter Ängsten leidet, wenn es nachts häufig aufschreckt, schreiend oder weinend aufwacht.

Unsere Kinder erleben jeden Tag noch mit Spannung. Mit natürlicher Offenheit, Spontanität und Euphorie lassen sie sich darauf ein, jeden kommenden Tag neu und bewusst mit allen Sinnen zu erleben. In dieser Phase werden durch die kindliche Phantasie jegliche Reize von außen oder auch von innen verstärkt auf- und wahrgenommen. Der Tag ist geprägt von vielen positiven und erfreulichen Reizen, die das Kind förmlich aufsaugt, um sich zu spüren und auszuprobieren in jeder erdenklichen Art. Aber auch die negativen Wahrnehmungen, die ein Kind empfinden muss und die auch wichtig zur Formung seiner Persönlichkeit sind, können wir, so fürsorgend wir auch gerne sein wollen, dem Kind nicht vorenthalten.

Was man in den Träumen verarbeitet

Tagtäglich werden die Kinder überflutet von Wahrnehmungen und Reizen, die sie zunächst einmal selektieren und ordnen müssen. Vieles davon können sie ansprechen, sich erklären lassen, aber es landet auch sehr viel im Unbewussten. Im Schlaf werden Erlebnisse noch einmal aufgefrischt, ein zweites Mal durchlebt, und müssen in den Träumen der Kinder bewältigt werden.

Die Entspannungsübung

Die Ruheübung erleichtert Ihrem Kind den Übergang von der Anspannung des Tages hin zur Entspannung des Schlafes. Sie hilft ihm auch, sich einzulassen auf die innere Harmonie und Gelassenheit, die es aus den Loslassgeschichten schöpfen kann. Sorgen Sie für eine behagliche Atmosphäre, dimmen Sie ein wenig das Licht, damit Sie sich wohlfühlen (können). Dann lesen Sie langsam und deutlich vor:

Leg dich wohlig entspannt auf den Rücken, spüre deinen ganzen Körper sicher getragen auf der Unterlage, und mit jedem Atemzug, den du tust, nimmt dein Wohlbefinden zu. Du fühlst deinen Atem, wie er in dich einströmt, leicht und angenehm, alles geschieht von selbst. Über deinen Rachen und Hals, über deinen Brustkorb bis tief in den Bauch fühlst du die Weite deines Atems.

Mit jedem Atemzug fühlst du dich harmonischer und kraftvoller werden und genießt dieses angenehme körperliche Wohlgefühl, während du immer tiefer und tiefer sinkst, dein Körper immer schwerer und schwerer wird. Du fühlst nur noch deinen Atem, wie er in dich einströmt, dich ganz ausfüllt und wieder aus dir herausströmt. Über den Rachen, Hals, Brustkorb in den Bauch und wieder zurück.

So fühlst du deinen ganzen Körper immer schwerer und schwerer auf deiner Unterlage aufliegen, auch Beine und Füße sind ganz schwer geworden. Fühle nun einmal in deine Zehen hinein, nimm sie wahr, wie sie ganz locker und gelöst aufliegen. Fühle nun einmal in deinen rechten Fuß hinein und ziehe die Zehen voller Anspannung in Richtung Kopf, fester, noch fester – und wieder loslassen. Ganz wohlig entspannt ist aus dem Gefühl der Anspannung ein Gefühl der Entspannung geworden. Dieses entspannende Gefühl liebt dein Körper, und dein Atem nimmt diese angenehme Wahrnehmung mit.

Fühle nun einmal in deinen linken Fuß, wie er locker und gelöst aufliegt. Fühle nun ganz bewusst in diesen Fuß hinein und ziehe die Zehen voller Anspannung in Richtung Kopf, fester, noch fester – und wieder loslassen. Ganz wohlig entspannt ist aus dem Gefühl der Anspannung auch dort ein Gefühl der Entspannung geworden. Dieses entspannende Gefühl fließt voller Harmonie durch deinen ganzen Körper und Geist.

Fühle doch, wie angenehm es für dich ist, einfach loszulassen, keinen Druck, keine Anspannung ausüben oder auch aushalten zu müssen. Sei ganz verbunden durch die Sanftheit deines Atems und öffne dich doch einmal dem Bereich deines Lebens, in dem vielleicht auch du etwas loslassen darfst. Du wirst

Auch kleinste Bewegungen, Anspannungen einzelner Muskeln während einer Ruheübung, rufen beim Lösen eine völlige Entspannung im Körper hervor.

spüren, wie schön es ist, loszulassen. So fühlst du auch, wie du ruhiger und harmonischer wirst, da es einfach nur entspannend und schön ist, wenn du nichts Großartiges tun musst und du dich einfach nur treiben lässt.

Dein Körper atmet nun ganz von selbst, ganz von allein, ist wohlig warm und entspannt, und du ruhst, ruhst ganz tief aus.

Das Reich der Einhörner

▶ Morgendämmerung liegt über der Landschaft. Nebelschwaden überziehen den Boden wie kleine Wattebällchen. Morgentau glitzert auf dem noch nassen Gras. Eine Landschaft liegt vor dir, in der sich die ganze Pracht der wunderbaren Natur spiegelt. Die Sonne schickt noch ganz vorsichtig ihre ersten Strahlen durch das Grün der Bäume.

Doch was ist das? Laute Geräusche, hartes Aufeinanderprallen ist ganz deutlich zu hören – ein unsanftes Wecken der gerade erst erwachenden Natur. Tock, tock, tock, immer wieder, ganz ungleichmäßig ist das Geräusch wahrzunehmen. Nun hört man lautes Wiehern, ein Wiehern, das erleichtert, mit jedem tock, tock, tock wird es noch erleichternder.

Neugierig geworden, gehst du ganz langsam auf die Stelle zu, aus der der Lärm kommt. Gigantisch, zwei wunderschöne blaue Einhörner stehen sich an einer Lichtung, in der sich die einfallenden Sonnenstrahlen spiegeln, gegenüber. Sie sind so anmutig und prächtig anzusehen, wie du es dir in deinen kühnsten Träumen nicht vorstellen kannst.

Du verhältst dich ganz still vor lauter Scheu, entdeckt zu werden. Ganz ruhig und doch angespannt vor dem, was da passieren mag, versuchst du ganz im Hintergrund zu bleiben. Aus dieser Stille heraus hörst du deinen Atem und wünschst dir, dass er mit jedem Atemzug Ruhe und Gelassenheit in deinen Körper bringt. Ruhe atmest du in jeden Bereich deines Körpers ein, und alle deine Anspannungen lässt du beim Ausatmen einfach los. Du spürst, wie das Gefühl der Gelassenheit in deinem Körper zunimmt.

Aber trotzdem haben die beiden Einhörner deine Witterung und deinen Geruch aufgenommen, denn sie drehen sich um, schnauben ein wenig in die Luft und trotten dann einträchtig, ruhig und gelassen auf dich zu.

»Schau, schau«, sagen sie, »ein kleines Menschenkind ist in unser Gebiet eingedrungen. In unser Land kann man nur über die Träume gelangen. Weißt du, nur ganz besonderen Kindern, die mit all ihren Sinnen leben und träumen, ist der Zugang durch das silberne Tor der Träume möglich.«

»Eigentlich habe ich immer eher Angst vor den Träumen, es ist so vieles fremd und wirkt auf mich eher bedrohlich«, antwortest du ihnen. Die beiden Einhörner nehmen von dem Gesagten keine große Notiz und gehen weiter. Zögernd folgst du ihnen zu einer kleinen Lichtung und hältst dich eher im Hintergrund. Die Sonne ist mittlerweile aufgegangen und taucht die ganze Landschaft in ein freundliches Licht.

Angekommen auf einer großen Wiese, schaust du dich um und siehst eine ganze Herde blauer Einhörner. Die ganz Kleinen toben voller Lebensfreude herum und die Großen wirken majestätisch und erhaben. Über allem liegt eine friedfertige Stimmung, ein großer Zauber.

»Unsere Träume«, fährt das große Einhorn fort, als wäre zwischendurch überhaupt keine Zeit vergangen, »sind oft nur die Wegbereiter deiner Gedanken und Gefühle, die du tagsüber hattest. Sieh sie doch als guten Freund an, der dir hilft, dich selbst und bestimmte Handlungen besser zu erkennen und klarer zu sehen. In diesem Traumland symbolisiert jedes Einhorn einen Traum, in seiner ganzen Pracht.«

»Was«, fragst du nach, »jedes wunderschöne Einhorn steht für einen manchmal doch gar furchterregenden Kindertraum?« Fassungslos betrachtest du die Herde. Tatsächlich, bei näherem Hinschauen stehen einige Tiere ganz ruhig und gelassen da, andere galoppieren mit einem enormen Tempo wild hin und her, probieren sich mit ihren Einhörnern aus, um dann wieder zur Ruhe und Gelassenheit zurückzukehren.

»So ist es auch mit den Träumen. Die Träume, die dich anfangs noch aufwühlen, bringen letztendlich durch deine Gedanken die Klarheit, dass es oft nötig ist, den Blickwinkel zu verändern, alte Muster und Ängste abzulegen, um Neuem gegenüber offener zu sein. Probier es doch einmal aus!« Und schon, mit dem gesprochenen Wort des Einhorns, fühlst du dich, spürst du und siehst du dich selbst als Einhorn. Immer, wenn zwei Tiere mit ihren Hörnern zusammenprallen, setzen sie sich mit den eigenen Ängsten in ihren Träumen auseinander, und das ist gut so, es darf einfach sein. Angst vor Träumen wird so vollkommen bedeutungslos und losgelassen. Mit jedem Aufprall löst sich Angst auf.

Magisch angezogen, kommt ein großes Einhorn mit einem ebenso großen Horn auf dich zugelaufen. Es muss einen großen Alptraum haben, denkst du noch, aber auch du willst es nun wissen. Du willst endlich deine eigenen Alpträume und Ängste loslassen und läufst immer schneller dem Einhorn entgegen.

Da, ein Aufprall, wahr nimmst du nur dieses laute Geräusch, und schon fühlst du dich um vieles leichter. Aus deiner Angst und Schwere ist Leichtigkeit geworden. »Danke, mein Freund«, sagt das Einhorn, »nun kann ich wieder sorgenfrei schlafen. Du hast mir und dir geholfen, wieder völlig losgelöst in einen tiefen erholsamen Schlaf zu fallen. Wenn du Ängste vor schlechten Träumen hast, dann kannst du jederzeit wieder zu uns kommen, wir freuen uns auf deinen Besuch.«

Die Nebelschwaden, die über der Landschaft lagen, haben sich aufgelöst. All deine Ängste vor bösen und schlechten Träumen haben sie scheinbar mitgenommen, sie sind völlig weg. Sie haben den Sonnenstrahlen, die das Reich der Einhörner in ein so freundliches Licht tauchen, Platz gemacht.

Diese Sonnenstrahlen durchfluten nun auch deinen Körper vom Kopf bis zu den Zehen mit Wärme und Geborgenheit. Diese angenehmen Gefühle fließen durch deinen Körper und lassen ihn so angenehm schwer in deine Kissen hineinsinken. Immer angenehmer schwer und müde geworden, genießt du es, tiefer und tiefer zu versinken. Ob du das Reich der Einhörner noch einmal sehen wirst?!

Träume verstehen lernen

Es wird uns nicht möglich sein, Reizüberflutung in all ihren Variationen von unserem Kind fern zu halten. Deswegen darf unser Augenmerk darin liegen, konkrete Lösungsmöglichkeiten aufzuzeigen. Vermitteln Sie dem Kind durch ihr Einfühlungsvermögen, dass Sie Verständnis haben, nehmen Sie sich Zeit für gemeinsames Abschalten. Zeigen Sie im Gespräch die positive Erfahrung und Bedeutung von Träumen auf, greifen Sie zurück auf die Traumdeutung. Das Wissen, dass wir alle träumen und offen sind für gewisse Botschaften, nimmt dem Kind Ängste vor Unbekanntem. So gewinnt es mehr innere Gelassenheit und Zuversicht und weiß, dass es sein darf. Das Kind sieht dann Träumen als Phase und Entwicklungsschritt seiner Persönlichkeit.

Träumen ist immer auch ein bisschen wie Geschichten ausdenken und erzählen. Die Phantasie wird angesprochen, innerste Gedanken werden in Bilder gefasst.

Noch ein paar Tipps: Gestalten Sie den Abend möglichst reizfrei, ruhig und gelassen. Besinnen Sie sich wieder auf alte, vertraute Rituale. Vertrauen schafft Geborgenheit. Aus dieser Geborgenheit heraus wird sich das Kind wieder ruhig und entspannt entwickeln.

LEISTUNG BRINGEN

 Der Leistungsdruck, den
Kinder durch Eltern und das
soziale Umfeld erfahren, ist heutzutage enorm.
Dabei beziehen sich die Leistungen in erster
Linie auf gute Noten in der Schule. Gute Leistungen stehen oft für geliebt und anerkannt sein,
bei schlechten Leistungen erfährt das Kind leicht
Abwertung und Ablehnung. Urvertrauen in sich
selbst zu stärken, Liebe und Geborgenheit zu
vermitteln, darin dürfen wir Eltern aufgehen.

Schulangst

Eltern sollten sich von Zeit zu Zeit darauf besinnen, dass sie ihr Kind nicht seiner Leistung wegen, sondern um seiner selbst willen lieben.

Der Leistungsdruck in unserer Gesellschaft geht auch an unseren Kindern nicht spurlos vorüber. Da wird von Anfang an schon bewertet, beurteilt und abgeurteilt. Die motorische Entwicklung des Kleinkindes wird bereits auf die Goldwaage gelegt und genau überprüft, wann es sprechen lernt, sauber wird, vom Schnuller entwöhnt ist und wie schnell es laufen und klettern kann. Darüber hinaus werden sämtliche Verhaltensmuster von jedermann abgewogen und für richtig oder falsch befunden. Die Verunsicherung der Mütter, Väter und natürlich des Kindes spielt dabei, wenn überhaupt, eher eine untergeordnete Rolle. Hauptsache, jeder weiß einen, meistens natürlich ungefragten, Ratschlag, den er anbringen kann.

Die Folgen des allgemeinen Beurteilungswahns

Derart verunsichert, verstärkt sich der Druck auf unsere Kinder. Leistungsdruck macht sich breit. Spätestens am ersten Schultag ist es das Kind schon selbst, welches die Erwartungshaltung des sozialen Umfeldes spürt und wahrnimmt. Die Stärkung der inneren Sicherheit geht allmählich verloren, da oft vergessen wird, das Geschaffte, all die kleinen Erfolge, Fertigkeiten und Fähigkeiten positiv zu besetzen. Unser Blickwinkel liegt leider mehr auf dem Negativen, hier haben wir ein stets wachsames Auge: Wir sprechen verstärkt Dinge an, die das Kind nicht geschafft, bestimmte Ziele, die es nicht erreicht und gute Zensuren, die es nicht geschrieben hat.

Was steckt hinter den Forderungen der Eltern?

Es sind oft die eigenen Ängste, angesichts hoher Arbeitslosenzahlen, schlechter Konjunktur- und Wirtschaftslage, die uns fürchten lassen, dass es unseren Kindern an möglichen Perspektiven für die Zukunft fehlt. Aber Ängste haben noch niemals eine positive Entwicklung einer Person oder Angelegenheit ausgelöst oder gar gefördert.

Manchmal sind es auch die eigenen verpassten Ziele, unser eigenes Wunschdenken, dem Kind soll es einmal besser gehen, die uns unbewusst steuern, den Leistungsdruck in den Kindern zu verstärken. Auch um den Status der Familie aufzuwerten, ist es den Eltern oft wichtig, dass Kinder bestimmte Leistungsergebnisse erreichen, um die höhere Schullaufbahn einzuschlagen.

Von allen Seiten bedrängt

Der Preis, den die Kinder für die Erwartungen ihrer Umwelt bezahlen, ist enorm hoch:

★ Einschlafstörungen, mit den quälendsten Gedanken des Versagens

★ Zweifel, ob es geschafft werden kann, die erforderliche Leistung zu bringen

★ Eigene Abwertung

★ Fehlendes Selbstbewusstsein

Einschlafprobleme bei Kindern können mit dem Leistungsdruck zusammenhängen, den sie tagsüber erfahren. Die Sorgen um Anerkennung und gute Leistungsnachweise nehmen manche Kinder noch mit ins Bett.

Mit Medikamenten zur erhöhten Konzentrationsfähigkeit oder auch Beruhigungsmitteln wird oft versucht, ein Gegengewicht zu der Unruhe des Kindes zu schaffen. Der umgekehrte Kreislauf hin zum Suchtmittel ist da oft nicht mehr weit.

Da fragt es sich doch, ob sich dieser Druck auf die Kinder lohnt. Als Eltern haben wir die Verantwortung für unser Kind, nicht nur, was seine Leistungen betrifft, sondern auch für seine psychische Entwicklung. Ihm etwas von dem Leistungsdruck zu nehmen und mehr Freude an eigenen Fähigkeiten zu vermitteln, ist unsere dringendste Aufgabe.

Die Entspannungsübung

Machen Sie zum Einstieg mit Ihrem Kind eine Ruheübung. Dabei kann sich das Kind entspannen und auf sich selbst konzentrieren. Das erleichtert ihm den Übergang zu der Loslassgeschichte, aus der es die eigentliche Entspannung und Harmonie schöpfen kann.

Sorgen Sie zum Vorlesen für eine behagliche Atmosphäre, dimmen sie ein wenig das Licht, so dass ein Klima von Wohlbefinden entstehen kann. Lesen Sie nun deutlich und langsam vor:

Bei dieser sitzenden Entspannungsübung dreht man den Kopf langsam auf den Schultern in kreisenden Bewegungen.

Setz dich in den Schneidersitz, nimm dir, wenn der Boden zu hart ist, ruhig ein Kissen, damit du es bequem und so angenehm wie möglich hast. Stell dir vor, ein silbernes Band durchzieht deinen Körper. Es richtet dich immer mehr und mehr auf, so dass du ganz gerade, ganz in deiner Mitte bist.

Nichts kann deine Ruhe stören, und so fühlst du deinen Atem, der dir Ruhe bringt. Nimm ganz deutlich deinen Atem wahr, wie er in dich einfließt, über den Rachen und den Hals, über den Brustkorb, bis tief in deinen Bauch. Spüre, wie sich dein Bauch beim Einatmen hebt und beim Ausatmen senkt. Heben und Senken geschieht ganz von selbst, ganz leicht und mühelos. Du genießt deinen harmonischen Atemfluss.

Nimm nun ganz deutlich deinen Kopf wahr, der als höchster Punkt auch alle Energie in sich trägt. Nun zieht dein Kinn ganz, ganz langsam zur Brust, so langsam, wie es dir möglich ist, ganz sanft und langsam. Je langsamer, umso besser. Nie den Atem anhalten, immer ruhig und langsam weiteratmen. Nun die Anspannung wieder lösen. Dein rechtes Ohr zieht nun ganz, ganz langsam zur rechten Schulter, so langsam es dir möglich ist, zieht dein rechtes Ohr zur rechten Schulter. Langsam, die Spannung halten, ruhig weiteratmen, nie den Atem anhalten, und auch wieder langsam die Anspannung lösen.

Lass deinen Atem immer ruhig und sanft bis in die Tiefe deines Bauchraumes fließen. Nun zieht das Kinn ganz sanft nach oben, weiter ganz sanft nach oben zur Decke, die Spannung halten, niemals den Atem anhalten – und wieder lösen. Ruhig und tief weiteratmen. Das linke Ohr zieht nun zur linken Schulter, ganz sanft auch dort die Spannung halten und wieder lösen.

Der ganze Kopf befindet sich nun in einer ganz sanften, ruhigen und kreisenden Bewegung, so sanft und ruhig, wie es dir möglich ist. Die Bewegung ist so sanft, dass es manchmal schon reicht, sie in Gedanken nachzuvollziehen. Dein Atem, dein Kopf, dein ganzer Körper ist erfüllt von dieser Bewegung. Denke an das silberne Band, welches dich ganz gerade und aufrecht sitzen lässt und dich unterstützt in deinem Atemfluss. Dein Körper atmet nun ganz von selbst, ganz von allein, ist wohlig warm und entspannt, und du ruhst, ruhst ganz tief aus.

Im Land der Tintenfische

▶ Du gehst im warmen, weichen Sand am Meeresstrand spazieren, genießt es, nichts tun zu müssen, nichts denken zu müssen. Dein Blick geht in die Weite des Himmels, ein paar Vögel fliegen im Wind der Sonne entgegen. Es gibt nichts zu tun, nur zu atmen, nur zu sein. Ein langer Bootssteg liegt vor dir. Gelangweilt, versunken in deiner eigenen Ruhe, gehst du in Richtung Wasser. Deine Hände sind vergraben in deinen Hosentaschen, und du fühlst eine Murmel. Du ziehst sie heraus, sie schillert in den schönsten Regenbogenfarben.

Ganz entspannt sitzt du nun auf dem Steg, deine Füße hängen locker ins Wasser, und du spielst vorsichtig mit deiner Murmel. Du wirfst sie in einem kleinen Bogen von einer Hand zur anderen. Es macht dir Spaß, die schillernde Murmel immer höher und höher in den blauen Himmel zu werfen, ganz übermütig wirst du. Plötzlich hast du zu viel Schwung, der war wohl zu kräftig – platsch, landet die Murmel im Meer.

Angetrieben wie von einer inneren Kraft, gibt es für dich keinen Gedanken, der dich beeinflusst oder bremst. Ganz spontan und losgelassen springst du hinter der Murmel in die Tiefe des Meeres. Welch wundersame Wahrnehmung! Du fühlst deinen Atem, wie er durch deinen Körper strömt, leicht und mühelos kannst du atmen, dich frei bewegen wie ein Fisch im Wasser. Es ist wunderbar, getragen zu sein von den Wogen und Wellen des Meeres. Alles um dich herum kannst du genau in allen Details wahrnehmen.

Und da ist sie auch wieder: Deine Murmel glänzt in diesen Blau- und Grüntönen des Wassers wie ein kleiner Silberball, der

wie du immer tiefer und tiefer sinkt, bis er auf dem Meeresboden angekommen ist. So wie der Silberball sinkt dein ganzer Körper und Geist tiefer und tiefer und wird dadurch schwer und schwerer. Dein Kopf ist ganz schwer geworden. Rücken, Schultern, Arme und Hände sinken mit jedem Atemzug völlig schwer geworden dem Meeresboden zu. Auch dein Gesäß, deine Beine und Füße erreichen völlig schwer und wohltuend entspannt den Silberball auf dem Meeresgrund.

Neugierig blickst du dich um, siehst Muscheln, Riffe, Pflanzen und Fische, die du in deinem Leben noch nie gesehen hast.

Deine Silbermurmel trägst du längst schon wieder sicher in deiner Hand und fühlst dadurch ein Stück Geborgenheit. Diese Geborgenheit strahlt und strömt mit jedem Atemzug durch deinen Körper und deine Gedanken. Was du hier unten wohl sollst? Kaum ist dieser Gedanke gedacht, siehst du auch schon einige Fische auf dich zukommen. Sehr groß sind sie, mit vielen, vielen Fangarmen: Tintenfische! In so schöner Pracht und herrlichen Farben sind sie gar wunderlich anzuschauen.

»Ein Besucher aus dem Kinderland«, freuen sie sich. »Wir haben schon viele Besucher gehabt, aber jeder ist ganz einzigartig, für unsere Bühne ein Stück Freude.«

Ohne Scheu, ganz wohl fühlst du dich, möchtest du wissen, von welcher Bühne da gesprochen wird. »Jeder Gast darf auf seiner Lebensbühne etwas von all seinem Können und Wissen fühlen, von seiner positiven Australung, seiner Wahrnehmung, die andere von ihm spüren, von der Liebe, die die Eltern und sonstige Menschen, die ihm nahe sind.

Du bist ganz neugierig geworden. Die Tintenfische geleiten dich in den Festsaal des Meeres. Große, geöffnete Muscheln, jede mit einer Perle gefüllt, schenken dem Saal ein strahlendes Licht. Du darfst in der ersten Reihe Platz nehmen und siehst vor dir eine große Bühne. Du schaust hinauf, und tatsächlich siehst du dich selbst auf dieser Bühne deiner Lieblingsbeschäftigung nachgehen. Ganz bewundernd schaust du dir selbst zu, und voller Stolz stellst du fest, welche Anlagen und Fähigkeiten, welche Begabungen und Talente du besitzt. Aus diesem Blickwinkel heraus hast du dich ja noch nie wahrgenommen.

So versunken in dieses einzigartige, phantastische Selbstbild, hörst du zuerst gar nicht das begeisterte Klatschen und Stampfen von Füßen auf dem Meeresboden. Aber dann blickst du dich um und kannst zu deiner Verwunderung all deine Freunde und Freundinnen erkennen, die dich bewundern und dir zujubeln. Nur wegen dir sind sie gekommen. Auch deine Eltern und alle Menschen, zu denen du eine gute Verbindung hast, sind gekommen, um dir Bewunderung und Anerkennung zu schenken. Für dich allein ist dieses Lob und der Dank, du hast es wirklich verdient.

Das Bühnenbild verändert sich, und du siehst dich nun eine Aufgabe lösen, die dir sonst in deinem Alltag eher Probleme gemacht hat. Aber auch das ist für dich nun kein Problem. In Ruhe und Gelassenheit vollbringst und bewältigst du, vollkommen konzentriert, des Rätsels Lösung. Tobender Beifall ertönt daraufhin von allen Seiten, grenzenlose Anerkennung, die dir so gut tut, in der du dich einfach nur wohl fühlst und dich darin sonnst. Du verbeugst dich zum Dank nach allen Seiten und genießt es noch eine Weile, ganz im Mittelpunkt zu stehen.

Lass es einfach zu, lass dich von dem Sturm der Begeisterung treiben und merke dabei, wie sie dich auch dem Licht wieder entgegenbringt. Deine Silbermurmel fest in der Hand, hast du schon die Meeresoberfläche wieder erreicht, kletterst die Leiter zum Steg hinauf und blickst auf das blaue, klare Wasser.

Als Zeichen deiner Dankbarkeit, dass du spüren durftest, wie viele Fähigkeiten, Begabungen und Talente du hast, schenkst du deine Murmel den Meeresbewohnern. Mit einem großen Schwung wirfst du sie weit hinaus ins Meer und weißt, dass sie bei den Tintenfischen gut aufgehoben ist und sich auch ein neuer Besucher an ihr freuen wird.

Den Leistungswillen fördern

Auch für Schulkinder sind die Eltern die wichtigsten Bezugspersonen. Erfahren sie von ihnen Unterstützung und Hilfe, lässt sich über Schulprobleme leichter reden.

Das Schönste ist doch, unsere Kinder anzunehmen, wie sie wirklich sind, mit all ihren wunderbaren Eigenschaften, sie zu akzeptieren als vollkommene Menschen, als eigenständige Persönlichkeiten. Wir müssen ihre einzigartige Wertigkeit erkennen und sie ins Herz schließen. Das beginnt bei der Geburt des Babys und setzt sich fort in der charakterlichen und körperlichen Entwicklung des Kindes über die Jahre. Diese positive Wahrnehmung seitens der Eltern wird sich bei dem Kind verstärken, so dass ein positiver Kreislauf entsteht.

Sichere Basis schaffen

Aus der inneren Stabilität, dem gewachsenen Selbstwert und Selbstbewusstsein heraus kann das Kind auf einer sachlichen Ebene auch mit Kritik und mit schlechten Zensuren umgehen lernen. Haben Sie als Eltern erst einmal eine grundsätzliche Vertrauensbasis geschaffen und eine Sicherheit vermittelt, dass das Kind in jedem Falle akzeptiert und geliebt bleibt, lässt sich auch leichter über Fehler und Verfehlungen sprechen. Im konstruktiven Gespräch kann man sachlich klären, wo Probleme in den Leistungen aufgetreten sind. Gemeinsam mit dem Kind sollten Sie dann nach Lösungsmodellen suchen, um den Mut in die eigenen Kräfte zu verstärken.

Arbeiten ohne Druck

Auf dieser Basis erfährt das Kind, dass die elterliche Zuwendung und Liebe nichts mit seinem Leistungspotenzial zu tun hat und fürchtet sich nicht davor, elterliche Liebe zu verlieren. Ängste entstehen immer aus Furcht vor Verlassenwerden. Aus der Angst heraus hat bekanntlich noch niemand gelernt, Angst schafft nur Versager. Am besten lässt sich in einer vertrauensvollen, Sicherheit gebenden Umgebung lernen. Vermitteln Sie Ihrem Kind, dass Sie es noch genauso lieben, auch wenn es mit schlechten Noten nach Hause kommt.

Wenn das Kind Schwierigkeiten hat, mit dem Lernstoff in der Schule mitzuhalten, sollte man sich nicht scheuen, einen geeigneten Nachhilfeunterricht zu suchen.

Wenn Kinder in der Schule keine Leistung bringen

Mit immer noch mehr Druck bewirkt man bei Kindern häufig statt besseren Leistungen ein noch tieferes Abrutschen z.B. in schlechte Noten. Es gibt verschiedene Ursachen für Leistungsschwäche.

★ Hat das Kind psychische Probleme (Ärger mit den Eltern, Streit mit Freunden)?

★ Bestehen vielleicht körperliche Beschwerden, die bislang nicht entdeckt worden sind (Augenschwäche, eingeschränkte Hörfähigkeit, motorische Wahrnehmungsstörungen)?

★ Hat es bei einem Lernstoff einmal wegen Krankheit eine Lücke bekommen, die nie wieder aufgeholt wurde?

★ Gibt es Probleme mit den Lehrern?

Zwischen Sorge und Wünschen

Für Eltern ist es sicher nicht einfach, das richtige Maß zu finden zwischen gewissen Forderungen an das Kind und der nötigen Unterstützung in schlechten Phasen. Suchen Sie das vertrauensvolle Miteinander, in dem jeder seine Ängste, Sorgen und Befürchtungen loswerden kann. Offenheit schafft Vertrauen, gemeinsam können Wege aus den Schwierigkeiten gefunden werden. So geben Sie Ihrem Kind die Zeit für seinen Reifungsprozess, die es braucht.

VOM RICHTIGEN UMGANG MIT GEWALT

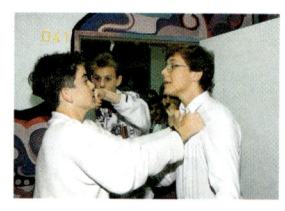

Die Gewaltbereitschaft in unserer Gesellschaft nimmt mehr und mehr zu. Heutzutage werden sogar schon ganz kleine Kinder Opfer von Gewalt, Aggression und Brutalität. Scheinbar sinken auch die Hemmschwellen unter den Kindern, anderen wehzutun. Eltern und Erzieher sind hier aufgefordert, von Gewalt betroffenen Kindern zu helfen, ihren geschützten und sicheren Rahmen wieder zu finden.

Wie reagieren wir auf Gewalt?

Vor Gewalt ist man nie ganz geschützt. Aggressionen können überall entstehen und einen auch unvorbereitet treffen.

Durch die zunehmende Vereinsamung, manchmal auch Wohlstandsvereinsamung, haben unsere Kinder immer mehr unkontrollierten, ungebremsten Zugang zu visuellen Medien wie Fernsehen, Video, Kino. Gewaltszenen, die sich an Aggression und Brutalität förmlich überbieten, werden in jedem Kanal zu jeder erdenklichen Stunde angeboten. Kinder gewöhnen sich dabei an Darstellungen von Schmerz und Unterdrückung. Dadurch wird die eigene Gewaltbereitschaft und Gewaltanwendung verharmlost und heruntergespielt. Gefühle von Schwäche, Mitgefühl, Mitleid und Schutz anderen, besonders Kleineren, gegenüber, haben in diesem Empfindungsspektrum nichts mehr verloren.

Kinder sind nicht einfach böse

Gewalt nach außen kann bei Kindern aufgrund von Frustrationserlebnissen entstehen. Gerade die Kinder, die oftmals schon in sehr jungen Jahren Trennung oder Arbeitslosigkeit der Eltern erleben müssen, oft verbunden mit Suchtproblemen, Wohnungsnot, schwierigen sozialen und wirtschaftlichen Verhältnissen, bewegen sich in einer Welt voller negativer Erfahrungen und niederschmetternder Ergebnisse. Kommen noch eigene Verhaltensprobleme und Minderwertigkeitsgefühle hinzu, kann sich das in Aggressionen dieser Kinder gegenüber ihrer unmittelbaren Umgebung äußern.

Unsere Kinder sind in Kindergärten, Schulen und Horten ganz ohne unseren elterlichen Schutz und müssen die Erfahrungen dort erst einmal verdauen. Es ist uns nicht möglich, schützende Hände über unsere Kinder zu halten. Je älter sie werden, umso mehr leben sie in ungeschützten Freiräumen, umso mehr müssen sie lernen, sich selbst zu behaupten und durchzusetzen. Durch das bewusste Erleben und Wahrnehmen, auch einmal schwach und verletztlich zu sein, vielleicht sogar zum Opfer zu werden, erfährt das Kind seine eigene Schwäche, seine Schutzlosigkeit und seine eigene Begrenzung. Es kann sie unter Umständen auch als Bedrohung seiner eigenen Persönlichkeit erleben. Dieser Bedrohung standzuhalten, verlangt das Auseinandersetzen mit Ängsten, Schwächen, vielleicht auch mit Scham- und Schuldgefühlen. Zu erkennen, dass es oftmals eine ganz besondere Stärke bedeutet, Schwäche zuzulassen, wird zur wunderbaren Reifung seiner Persönlichkeit beitragen.

Die Entspannungsübung

Die folgende Ruheübung erleichtert Ihrem Kind den Übergang zu finden von der Anspannung des Tages hin zur Entspannung. Es sollte versuchen, sich auf die innere Harmonie und Gelassenheit aus der Loslassgeschichte einzulassen und dazu bereits möglichst entspannt und konzentriert sein. Sorgen Sie deshalb für eine behagliche Atmosphäre, ein angenehmes Klima. Lesen Sie langsam und deutlich vor:

Eine entspannte Haltung fördert die eigene positive Ausstrahlung. Aggressionen wird so vorgebeugt, indem man selbst gelassen auf Konfliktsituationen zugehen kann.

Leg dich bequem auf den Rücken und fühle, wie dein ganzer Körper sich wohlig entspannen darf. Mit jedem Atemzug wirst du ruhiger und gelassener, und auch die Wahrnehmung in deinem Körper trägt zu deiner Ruhe und Gelassenheit bei.
Spüre dich ein auf deinen Atem, der mit jedem Atemzug Ruhe in deinen Körper und Geist bringt. Beim Einatmen fließt dein Atem gelöst und frei über deinen Rachen und Hals, über den Brustkorb bis tief in deinen Bauch, und beim Ausatmen strömt er wieder aus dir heraus. Ganz leicht und gleichmäßig ein und aus. Alle Gedanken deines Tages werden dir immer gleichgültiger und gleichgültiger, treten für dich vollkommen in den Hintergrund.
Du fühlst, wie du beim Einatmen Energie aufnimmst und beim Ausatmen abgibst, ein unendlicher Kreislauf von Ein und Aus. Das Atmen geschieht ganz von selbst, ganz von alleine, leicht und mühelos, dein Atem bringt dir Ruhe und Frieden.

Stell dir doch nun einmal vor deinem inneren Auge eine große Sonnenblume vor. Bei jedem Einatmen öffnet die Blüte ganz weit ihre Blütenblätter, und bei jedem Ausatmen verschließt sich die Blüte wieder – ein ruhiger und meditativer Vorgang der Natur, den du ganz leicht durch deinen Atem lenkst. Schau genau hin, jedesmal wenn du einatmest, öffnet sich die Blüte, und beim Ausatmen verschließt sich die Blüte wieder.

Dein Atem ist wie die Sonnenblume, deren Blüte sich rhythmisch öffnet und wieder schließt. Ganz sanft und gleichmäßig unterstützt dein Atem diese Blüte. Dieses ruhige und harmonische Öffnen und Schließen lässt auch deinen Körper und Geist immer ruhiger und gelöster werden, so dass tiefe Ruhe dich mit deinem Atem durchströmt.

Dein Körper atmet nun ganz von selbst, ganz von allein, ist wohlig warm und entspannt, und du ruhst, ruhst ganz tief aus.

Im Tal der Riesen

► In einem weiten Tal, lange, lange vor unserer Zeit und so weit entfernt, dass Kinder viele, viele Traumstunden reisen müssen, da liegt, eingebettet in waldige, grüne Hügel, das sagenumwobene Tal der Riesen. Der Himmel strahlt in den klarsten und reinsten Blautönen, und die Sonne schickt ihre angenehm wärmenden Strahlen über diese Landschaft.

Fühlst auch du, wie diese Sonnenstrahlen deinen Atem begleiten und dich in angenehme Ruhe bringen? Mit jedem Atemzug wirst du ruhiger und gelassener, während dein ganzer Körper immer tiefer und tiefer sinkt, in diesen Zustand, in dem du nichts mehr tun musst, an nichts Anstrengendes mehr denken musst, dich einfach treiben lässt.

Sagenumwoben ist dieses Tal deswegen, weil der Riesenjunge Nathan dort erfahren musste (oder vielleicht auch durfte), wie wunderbar es manchmal ist, seine vermeintliche Größe und Stärke zurückzulassen, und wie unendlich froh er nun ist, genauso klein wie andere zu sein. Jetzt leben in diesem Tal wieder ganz normale Menschen, wie du und ich.

Höre nur gut zu, was die Sage erzählt:
Die Riesen lebten als großes Volk zusammen. Anfangs waren es nur ein paar Hütten und nur wenige Bewohner. Aber von Jahr zu Jahr wurden es in jeder Hütte mehr Kinder, aus ein paar Hütten wurden Dörfer, aus Dörfern wurden Städte. Natürlich hatten alle Menschen im Riesental einen Riesenhunger, und so mussten die Riesenmütter und Riesenväter von den Städten oft weit ins Tal gehen, um Nahrung für die Familien zu besorgen.

Die Kinder verbrachten lange Zeit am Tag alleine. Zwar passten die Großen auf die Kleinen auf, spielten mit ihnen und umsorgten sie liebevoll, aber es entstand auch viel Langeweile, Zeit, die aufgefüllt werden musste! Auch gab es einige Riesenkinder, die wollten unbedingt alles, was es zu sagen gab, bestimmen. Aber andere Riesenkinder wollten sich nicht bestimmen lassen.

So ergaben sich erste Missstände, aber jeder sprach von seinen guten und schlechten Gefühlen, so dass Unstimmigkeiten durch freundliche und sachliche Gespräche gelöst werden konnten. Niemals wollte jemand den Tag abschließen und die Sonne untergehen lassen, solange nur der Funke eines Streits in der Luft lag, denn wenn man friedvoll leben will, müssen sich alle daran beteiligen.

Aber dann passierte etwas ziemlich Schlimmes. Nathan, einer der größten Riesenjungen, wollte wieder einmal seinen Willen durchsetzen, hatte keine Lust, über seine Gefühle zu sprechen, und einem anderen Riesenjungen, Fabian, der auch etwas kleiner als er selbst war, eins auf die Nase. Leicht blutend schaute Fabian den Nathan entsetzt und erschrocken an, noch nie in seinem Leben hatten er oder sonst jemand in dieser Gemeinschaft Gewalt erfahren müssen. Fabian sagte kein Wort und machte auch keine Anstalten, sich zu wehren. Voller Bestürzung und Scham über das, was er getan hatte, machte Nathan kehrt, suchte sein Heil in der Flucht und lief aus der Stadt hinaus, immer weiter und weiter ins Tal hinunter.

Die zurückgebliebenen Kinder waren hin- und hergerissen zwischen Wut und Ohnmacht, die sie abwechselnd spürten, aus der Situation heraus, nichts verändern zu können. Zurück blieb eine große Traurigkeit, einen geliebten Freund nicht mehr zu sehen. Nathan fehlte ihnen allen sehr, keiner wusste, ob man ihn jemals wieder finden würde.

Nathan selbst lief und lief, nur weit weg von diesem Ort. Mit seinen Riesenschritten entfernte er sich immer mehr von seiner Heimat, von seiner Familie und von seinen Freunden. Wehmütig und ganz außer Atem setzte er sich auf einen Felsen, der für ihn nur ein kleiner Stein war, fühlte sich sehr einsam und weinte bittere Tränen aus lauter Wut und Scham.

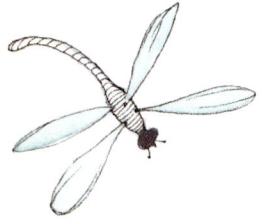

Plötzlich fühlt er eine warme, angenehme Hand auf seiner Schulter, ganz wohl und geborgen läuft dieses angenehme Gefühl durch seinen Körper. Sanft und angenehm wie sein Atem, der ihm nach dieser Anstrengung wieder Ruhe bringt. Mit jedem Atemzug fühlt er sich wieder harmonischer und kraftvoller werden. Eine alte, gütig und liebevoll dreinschauende Frau steht neben ihm. »Mein Name ist Dehlia, lange habe ich dir schon zugesehen auf deinem Lebensweg der Entfaltung und Entdeckung deiner wahren Persönlichkeit, nun kann ich deinen Kummer nicht mehr mit anschauen. Sage mir bitte, wie ich dir helfen kann.«

»Oh, wie konnte ich mich nur so gehen lassen, so vieles habe ich falsch gemacht«, beginnt Nathan und erzählt vertrauensvoll seine Geschichte. Er fühlt sich geborgen und wohl, wie schon lange nicht mehr. Dehlia hört ihm zu, ohne ihn zu unterbrechen, schaut ihn mit ihren weisen, gütigen Augen an, und alles, was er schon so lange zurückgehalten hat, sprudelt wie eine kleine Quelle aus ihm hervor. Nathan kann genau fühlen, wie gut es für ihn ist, sich zu öffnen und über seine Gedanken und Gefühle zu sprechen. »Weißt du«, beendet er seine Geschichte, »wenn ich mich nicht hätte verleiten lassen davon, dass ich ein Riese bin, so groß und so stark, dann wäre es wohl nicht so weit gekommen, körperlich jemandem Gewalt anzutun. Am meisten hat es mir selbst weh getan, es war ein Schlag gegen mich selbst, gegen Liebe und Freundschaft, Offenheit und Kameradschaft, Lachen und Glücklichsein.«

»Alle Menschen sollen in diesem Tal wieder gleich sein, Stärke und Größe dürfen keine Rolle mehr spielen«, spricht Dehlia, die Zauberfrau aus dem Riesental. Während Nathan nickt, nimmt er eine gar wundersame Empfindung wahr. Sein Kopf wird strömend und angenehm wohlig warm, wie von wärmenden Sonnenstrahlen, die weiter laufen über Schultern, Arme und Hände. Dieser warme Schauer durchströmt seinen Rücken bis in seine Beine und Füße. Sonnenstrahlen hüllen seinen ganzen Körper und Geist in strahlend gelbes Licht, und im selben Moment hast du die gleiche Empfindung wie Nathan. Aus dem Riesenjungen ist ein normal großes Menschenkind geworden. Liebe und Freundschaft, Offenheit und Kameradschaft, Lachen und Glücklichsein sollen nun auch wieder dein Begleiter sein.

»Blinzle nun dreimal mit den Augenlidern«, sagt Dehlia, »und du wirst wieder in deiner Dorfgemeinschaft, bei deiner Familie, bei deinen Freunden sein. Jedes gute Gefühl, jeder gute Gedanke, den du ausstrahlst, kommt verstärkt zu dir zurück.«

Es ist nun dein geheimer Auftrag, mit deinem Mut und deiner Entschlossenheit neue Wege und Möglichkeiten aufzuzeigen, in Frieden miteinander, ohne Gewalt zu leben. Es müssen sich alle daran beteiligen, du bist der Sonnenstrahl, der ausgeschickt wird, Liebe, Sanftmut und Verständnis in den Herzen der Menschen zu bewahren.

Keine Angst vor Aggressionen

Wenn Eltern feststellen, dass ihr Kind aggressiv ist, reagieren sie häufig geschockt. Die Stabilität in der Beziehung zum eigenen Kind sollte aber erhalten bleiben.

Das Thema Gewalt behandelt eigentlich zwei Erfahrungen, mit denen Kinder im Laufe ihrer Entwicklung konfrontiert werden. Sie erfahren einerseits Gewalt an sich oder an anderen, werden aber andererseits auch selbst aggressiv tätig. Diese beiden Verhaltensweisen oder Erfahrungen haben aber insofern miteinander zu tun, als wir Eltern den Kindern Wege aufzeigen können, wie sie mit jeglicher Gewalt – der am eigenen Leib erfahrenen oder der selbst ausgeübten – richtig umgehen können. Wichtige Voraussetzungen für eine Hilfestellung sind dabei, dem Kind Offenheit und Ehrlichkeit entgegenzubringen und ihm genau zuzuhören.

Hat Ihr Kind Probleme mit Gewalt?

★ Sollten wir an unseren Kindern Veränderungen oder Verhaltensweisen beobachten und wahrnehmen, die uns fremd sind, sind wir immer gezwungen, dem unbedingt und sorgfältig nachzugehen.

★ Fällt das Kind in Entwicklungsschritte zurück, die längst überholt und bewältigt schienen, so sucht es unbewusst alte, vertraute Sicherheiten und Muster. Diese Wahrnehmungen sind immer ein Warnsignal, ein Hinweis auf Störfaktoren.

Ansprechpartner

Das Kind muss hundertprozentig wissen, dass es, indem es sich uns öffnet, nichts zu fürchten hat. Es darf keine negativen Konsequenzen zu erwarten haben, wenn es seine Fehler eingesteht. Seien Sie ein guter Zuhörer, fragen Sie genau nach, aber vermeiden Sie zu kritisieren oder gar zu tadeln. Das Zugeben des Kindes von eigenen Ängsten, Schwächen und Befürchtungen ist Ihnen gegenüber ein großer Vertrauensbeweis. Dieses Vertrauen ist eine große Wertschätzung.

Klarheit beseitigt Ängste

Leider ist immer wieder festzustellen, dass andere vor der Gewalt, die unsere Kinder erfahren, die Augen oft und gerne verschließen. Man will damit Konsequenzen aus dem Weg gehen. Das hilft aber den Betroffenen wenig. Sie brauchen im Gegenteil eine Bestätigung, dass Unrecht geschehen ist, dem nachgegangen werden muss.

★ Gehen Sie der Gewalt, die das Kind erfahren musste, nach.
★ Fragen Sie im Kindergarten, der Schule oder im Hort genau nach, wie es passiert ist.
★ Wenden Sie sich zur Klärung und zum Wohle ihres Kindes gegebenenfalls auch an eine Beratungsstelle.

Hat ein Kind Gewalt erfahren, benötigt es dringend den Schutz und die Zuwendung der Eltern. Stärke gibt man dem Kind durch Vorbild und durch Unterstützung.

Gewalt nicht mit Gewalt beantworten

Indem Sie die Gewalterfahrung ernst nehmen, zeigen Sie Ihrem Kind, dass Aggressionen nicht zum Tagesprogramm gehören sollten und dass man sich keineswegs damit abfinden muss. Durch Ihr Engagement für die Problematik und die Seelennöte Ihres Kindes wird es seinen Stellenwert neu erfahren. Es wird Schwächen nicht als Abwertung empfinden, sondern sehen und aufgezeigt bekommen, dass es immer Möglichkeiten und Wege gibt, Konflikte zu lösen.

Nehmen Sie Ihr Kind bei solchen Erfahrungen ruhig wieder an der Hand. Durch diese liebevolle Verbindung stärkt es sich auf dem Weg und den Erfahrungen des Lebens zur Entwicklung seiner Persönlichkeit.

FAMILIÄRE SPANNUNGEN

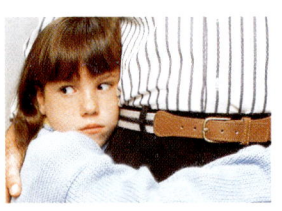 Scheidungen und Trennungen nehmen mehr und mehr zu. Dadurch erspüren immer weniger Kinder das schützende Nest der Familie. Jeder Streit, jeder Konflikt verunsichert es in seiner Wahrnehmung und Sicherheit für sich selbst. Schuldgefühle und negatives Selbstwertgefühl sind oft der Auslöser für schlechten und unruhigen Schlaf. Dabei müssen die Spannungen in der Familie gar nichts mit dem Kind zu tun haben.

Wie werden Konflikte in Familien verarbeitet?

Wenn Eltern ihrem Kind karmachen, dass die Streitigkeiten nur mit ihnen selbst, aber nichts mit dem Kind zu tun haben, ist ihm das bereits eine erste Hilfe.

Die Hektik unserer Zeit hat vieles ins Wanken gebracht. Auch im Bereich von Beziehungen, Partnerschaft und Familie verliert man sich oft und schnell aus den Augen. Die Stabilität der Familienstruktur ist aus den Fugen geraten. Die seit Generationen behüteten Familienzusammensetzungen und der Zusammenhalt untereinander erleiden massive Verfallserscheinungen.

Keine Zeit mehr füreinander

Untersuchungen haben ergeben, dass sich die Gesprächsdauer in der Partnerschaft auf neun Minuten am Tag beschränkt – ein ganz eindeutiges Krisensypmptom, welches häufig über längere Zeit kaum Beachtung findet. Wo bleibt da noch Raum für das bewusste, fürsorgliche Miteinander? Niemand hat mehr Zeit, seinen Partner wahrzunehmen, Emotionen und Probleme richtig zu erkennen, Gedanken, Wünsche und Ziele des anderen aufzunehmen. Dabei geht auch völlig verloren, bewusst einmal Defizite, Traurigkeiten und Frustrationen anzusprechen.

Vom Verliebtsein zum Alltag

Wo sind die Stunden des anfänglichen Verliebtseins, in denen nächtelang über das Leben und die Zukunft gesprochen, geplant und philosophiert wurde? Ehen und Beziehungen, in denen kaum Kommunikation und Austausch stattfinden, können als eingefroren bezeichnet werden.

Es steht nicht gut um unsere Familien. Fluch oder Segen ist oft die Frage. Die Familie steckt in der Krise. Bundesweit wird jede dritte Ehe geschieden, in den Großstädten jede zweite, Tendenz steigend. Die Ehe hat ihren Stellenwert in unserer jetzigen Gegenwart verloren. Die Frau hat durch ihre Bildung und

Selbstständigkeit Boden unter ihren Füßen, sie hat an Selbstbewusstsein und eigener Wertschätzung gewonnen.

Stellenwert der Familie heute

Die Familie gilt immer noch als Basis, als Fundament unserer Gesellschaft. Doch trotz der anstehenden Konflikte, Disharmonien und Probleme im kleinen Kreis versucht man nach außen, die freundlich wirkende, harmonische Familie zu verkaufen. Dies verursacht oft enormen seelischen Druck und Anstrengung. Häufig wird der eigene Blick auf die Problematik verschleiert, was innere Stressfaktoren zusätzlich verstärkt. Da genügt oft eine kleine Meinungsverschiedenheit, um das Fass zum Überlaufen zu bringen.

Viele Beziehungen gehen kaputt, weil sie völlig überfrachtet werden. Die Erwartungshaltungen an den Partner, eigene Wünsche, Bedürfnisse und Sehnsüchte zu erfüllen, sind enorm. Dabei ist der Partner selbst oft der Bedürftige. Alles, was einem fehlt, im Ernstfall sogar der Lebenssinn, soll da in dieser Beziehung gefunden werden.

Kinder entwickeln sehr schnell Schuldgefühle, auch für Probleme, die sie nicht verursacht haben. Für sie dreht sich alles noch um ihre eigene Kinderwelt, und auch Ursachen von Konflikten scheinen nur hier entstehen zu können.

Wenn zwei sich streiten

Wenn es zwischen den Ehepartnern zu Streit kommt, wird leider häufig auf die Anwesenheit des Kindes keine Rücksicht genommen. Da werfen Erwachsene, die Eltern, sich gegenseitig Dinge an den Kopf, die das Kind vollkommen überfordern. Für das schwächste Glied der Familie aber bricht eine Welt der Sicherheit und Geborgenheit zusammen. Es kann sich selbst nicht abgrenzen und sich als Person von dem Streit distanzieren, es fühlt sich dabei sogar noch schuldig. Das liebevoll erklärende Wort der Eltern, tröstender Körperkontakt, bleiben ihm oft versagt, weil niemand bei dem Streit an das Kind denkt. Diese Schuldgefühle, die das Kind bei anhaltenden Streitigkeiten der Eltern aufbaut, bringen auf Dauer seine körperlichen und seelischen Empfindungen in ein Ungleichgewicht. Schlafprobleme sind da nur eine mögliche Auswirkung auf sein empfindsames Seelenleben.

Die Entspannungsübung

Bei dieser Übung soll der Körper Wärme und Ausdehnung durch ruhiges Atmen spüren, der Kopf bleibt aber kühl.

Im Folgenden ist eine Ruheübung für Ihr Kind zusammengestellt, die Sie mit ihm erleben können. Diese Atemübung erleichtert zugleich, den Übergang zu finden von der Anspannung des Tages hin zur Entspannung. Es kann sich dadurch auch besser auf die Loslassgeschichte einlassen, um daraus innere Harmonie und Gelassenheit für sich selbst zu schöpfen. Suchen Sie einen warmen, ruhigen, nicht zu hellen Raum und lesen Sie langsam und deutlich vor:

Stell dich ganz locker und gelöst auf den Boden, die Schultern sind locker und entspannt. Die Arme sind seitlich am Körper, jeder Körperteil voller Entspannung. So fühlst du deinen Atem, den du tief in deine Lungen aufnimmst und ihn weiterfließen lässt in die Weite deines Bauches. Auf dem gleichen Weg verlässt er wieder deinen Körper. Von der Weite deines Bauchraumes über den Rippenbogen, der sich hebt und senkt, den Brustkorb, den Hals und Rachen, entströmt dein Atem, genauso leicht und mühelos, wie er gekommen ist.
Stelle dir einmal vor, du hättest einen Luftballon verschluckt, den du nun ganz tief mit Luft, mit Atem ausfüllen möchtest. Beim Einatmen füllt sich dein Bauch ganz weit mit Luft, und beim Ausatmen fällt der Bauch wieder in sich zusammen. Atme durch die Nase tief ein und aus, ganz leicht und gleichmäßig. Es atmet dich ganz von allein, ganz leicht und ohne Kraft.
Genieße, dass dein Körper durch dieses tiefe, bewusste Atmen ganz warm und schwer wird, dein Atem sehr tief geht. Genieße dieses angenehme Gefühl von Weite und Leichtigkeit.
Versuch doch nun einmal, dir vorzustellen, dass dein Gesicht dabei ganz kühl und entspannt bleibt. Stell dir vor, eine kühle Brise bläst dir in dein Gesicht. Dein Gesicht ist kühl und angenehm, während dein Atem leicht und mühelos fließt und du es genießt, einfach nur zu atmen, einfach nur zu sein.
Dein Körper atmet nun ganz von selbst, ganz von allein, ist wohlig warm und entspannt, und du ruhst, ruhst ganz tief aus.

Im Paradies der weißen Robben

▶ Schau doch mal zum Mond hinauf, ziehen heute abend auch kleine Wolken an ihm vorbei? Kleine Wolken, die sich sanft treiben lassen?

Genauso sanft wie die Wolken ziehen, so sanft fließt dein Atem in dich, dein Bauchraum hebt sich beim Einatmen und senkt sich beim Ausatmen. Es atmet dich, ganz von allein, leicht und mühelos, nochmals begleitest du deinen Atem bis tief in deinen Bauch und wieder hinaus. Du bist vollkommen ruhig, genauso fließt dein Atem, ruhig und gleichmäßig. Du genießt es, dich treiben zu lassen, fühlst deinen ganzen Körper auf deiner Unterlage, dein Körper sinkt ganz schwer, tiefer und tiefer. Das Gefühl der Schwere fließt durch deinen Körper und Geist, während du tiefer und tiefer sinkst.

So schwer geworden, landest du plötzlich ganz weich auf einer Wolke. Ganz wattig weich und doch so sicher, liegst du ruhig, entspannt und geborgen auf dieser Traumwolke. Sie nimmt dich mit auf ihrer Reise in das Wolkenland, in den schönen Sternenhimmel.

Einige Sterne leuchten und strahlen nur ein wenig, andere Sterne sind wie der Goldregen selbst, von so einem intensiven, hellen Licht erfüllt, wie du es noch nie zuvor gesehen hast. Jeder Stern, an dem dich deine Kuschelwolke vorüberträgt, taucht dich ein wie Goldstaub. Goldstaub behütet und beschützt dich wie ein wärmender Mantel, ein Mantel der Geborgenheit. Immer, wenn du nun in den Sternenhimmel schaust, wirst du dich an den beschützenden Goldstaubmantel erinnern, der in der Luft liegt.

Leicht und beschwingt, geht die Reise am Mann im Mond vorbei. »Gute Reise, gute Reise«, winkt er dir nach und lacht ganz lieb über sein Mondgesicht. Auch du winkst, und schon geht es weiter, zu Wahrnehmungen und Empfindungen, die du vorher noch nie gespürt hast.

Es scheint dir nun so, als wäre von der Dunkelheit des Nachthimmels nicht mehr viel übrig geblieben. Die Sterne haben sich

etwas zurückgezogen, um Platz zu machen für alle weißen Wolken des Himmels, die sich verbunden haben zu einer riesigen Wolkendecke. Ganz interessiert an dieser Veränderung, richtest du dich auf, stapfst sehr sorgsam einige unsichere Schritte auf deiner Wolke herum, gehst weiter hinaus in die weiße Wolkenlandschaft. Tatsächlich, sie hält, denn auf Schritt und Tritt geht Mut und Sicherheit mit. Kein Einsinken, kein Gefühl, auf Watte zu gehen. Im Gegenteil, mit beiden Füßen bist du fest verbunden mit dem Boden, der dich so sicher trägt. Anfangs noch ein wenig vorsichtig, dann aber immer sicherer, läufst und springst du durch diese dir eigentlich so fremde Welt.

Aus lauter Lebensfreude und Übermut schlägst du Purzelbäume, einen vorwärts, einen rückwärts und gleich wieder in einem Schwung vorwärts. Doch hoppla! »Wer purzelt denn da so ungestüm herein in unser Robbenparadies?« fragt sanft die so unsanft angerempelte Robbe. »Oh, entschuldige, tut mir leid«, stammelst du, nun doch etwas verwirrt und erschrocken. »Ach, macht ja nichts, ich bin nur etwas überrascht, es passiert selten, dass die Wolken uns ein kleines Erdenkind herauftragen. Es wird für dich schon Sinn machen, uns zu besuchen.«

»Robben leben doch am Nord- oder am Südpol, dort, wo es kalt ist?« – »Schon, schon«, bejaht die Robbe, »aber manchmal, haben wir eben auch die Möglichkeit, uns hierher, in unser Wolkenreich zurückzuziehen. Die Verbindung zu unseren Freunden, zu allen, die uns nahe stehen, reißt dadurch nicht ab, hört niemals auf. Alle sind wir unendlich verbunden mit einer unsichtbaren, silbernen Schnur, egal in welchem Paradies wir uns gerade aufhalten. Dieses Wissen um unsere Verbundenheit miteinander ermöglicht uns, auch große Entfernungen gut auszuhalten in dem Bewusstsein, dass es nichts, wirklich gar nichts gibt, was uns trennen kann.«

»Je intensiver du deine Gedanken dorthin schickst, zu den geliebten Lebewesen, desto besser und tiefer ist für uns das Gefühl der Verbundenheit.« Ganz warm und verständnisvoll blickt dich die Robbe an. »Auch bei dir ist es so, kleines Erdenkind. Die Verbundenheit zu den Menschen, die du gerne hast, zu denen du eine besonders tiefe Beziehung aufgebaut hast, hört nicht auf mit dem Nichtsehen. Austausch und Sichnahesein ist immer möglich, wenn auch in einer anderen Form. Dein tiefer Glaube und deine Überzeugung werden dich öffnen, um diese Wahrnehmung selbst zu spüren. Stell dir doch in diesem Moment, am besten mit geschlossenen Augen, einmal eine Person vor, die du besonders liebst, die in deinem Leben eine wichtige Rolle spielt. Schau nur genau hin, schau dir das Gesicht an, blicke ihr ganz genau in die Augen, und schon ist sie bei dir. Spüre die Verbundenheit. Siehst du, so vieles ist möglich in deinen Gedanken, Phantasien und Träumen. Nutze deine geistige Kraft, und du wirst auf deinen Traumreisen viele angenehme Bekanntschaften und Erfahrungen machen.«

Vieles hast du gehört, und so genießt du nun, dich in den Kreis der anderen Robben schmiegen zu können. Dich durchflutet ein so angenehmes Gefühl der Verbundenheit, ganz warm und weich fühlst du ihre Wärme in deinem Körper. Mit jedem deiner Atemzüge verstärkt sich dieses angenehme Gefühl, hüllt dich ein wie ein warmer, geborgener Mantel, während du dich treiben lässt.

Beim Treibenlassen steigst du wieder auf deine Traumwolke, die dich über den Sternenhimmel, am Mann im Mond vorbei, wieder ganz sanft in dein Bett trägt. Dort fühlst du, so wohlig und geborgen angekommen, dich wieder ganz zu Hause.

All deine Erfahrungen tragen dazu bei, dass alle lieb gewonnenen Menschen durch diese unsichtbare Schnur unendlich lang miteinander verbunden sind. Entfernung, Getrenntsein spielt in deinem Leben nun keine entscheidende Rolle mehr.

Ganz müde geworden von den Eindrücken dieser weiten Reise, sinkst du mit jedem Atemzug tiefer und tiefer in den Schlaf und kuschelst dabei ganz sanft mit deiner kleinen, weißen Robbe.

Eltern müssen auch mal streiten

Jegliche Strei-tereien in der Familie zu ver-tuschen, fördert eine unehrliche Haltung unter-einander. Man kann lernen, zu Konflikten zu stehen, und zeigt dabei auch Bereitschaft, sie zu beseitigen.

Welch wünschenswerter und doch so unrealistischer Zustand: Eine Familie lebt in perfekter Harmonie und vollkommenem Gleichklang untereinander! Wenn mehrere Menschen aufeinandertreffen ist es völlig normal, dass es verschiedene Wünsche und Vorstellungen gibt, dass man sich mit anderen Meinungen konfrontiert sieht. Das um jeden Preis gespielte Harmoniemärchen der Familie darf und muss ein Ende haben. Intensive Gefühlsäußerungen sowie konfliktbeladene Themen müssen und dürfen ihren Raum auch in der Familie finden und dürfen nicht abgewertet werden.

Im Streit ein Vorbild sein

Sehen Sie es doch mal positiv. Im sicheren Rahmen der Familie lernt Ihr Kind durch das Erleben von Differenzen, wie auch damit umgegangen werden kann. Das bedeutet allerdings, dass man selbst immer versuchen sollte, im Streit fair und sachlich zu bleiben. Schließlich sind Sie mal wieder – wie so oft – das Vorbild Ihres Kindes. An Ihren Reaktionen und an Ihrer Standfestigkeit in Punkten, die Ihnen wichtig erscheinen, erfährt es Lösungsmöglichkeiten von Konflikten.

Zum Wohle und zum Erhalt der Familie entwickeln Eltern enorme Kräfte, um gemeinsam herauszufinden, wie sie selbst und auch das Kind nicht auf der Strecke bleiben. Wenn Sie hier mit Familienkonferenzen arbeiten, ermöglichen Sie jedem Familienmitglied, in einem geschützten Rahmen seine Wünsche und Defizite zu äußern und damit Möglichkeiten für Lösungen und Veränderungen zu schaffen.

Ein Familienrat ist in manchen Situationen das beste Mittel zur Konfliktlösung. Dabei werden die Meinungen aller Familienmitglieder angehört und auch Wünsche der am Streit nicht Beteiligten berücksichtigt.

Vorbeugende Maßnahmen

Es muss natürlich nicht immer gleich zu einem Streit kommen. Das Ziel der Familie und auch jeder Partnerschaft sollte es sein, im Guten miteinander auszukommen, sich gegenseitig Liebe und Respekt entgegenzubringen und die Meinung des anderen anzuhören, wenn es geht auch zu akzeptieren.

Sehr vorteilhaft für die Partnerschaft ist oft ein fest vereinbarter wöchentlicher »Beziehungsabend«, an dem Sie ganz allein mit Ihrem Partner sein können. Ein organisierter Babysitter schafft Freiräume und ungestörte Zeit für Gespräche. Der partnerschaftlichen Kommunikation wird damit eine neue Chance eingeräumt. Häufig stellt man dabei fest, wie wenig man von den Bedürfnissen des Partners weiß, wie oft aneinander vorbeigeredet wird und sich damit jeder ungelöste Konflikt verschärft hat. Diese offene Kommunikation hilft den Partnern, Schuldgefühle abzulegen und für ihre Situation einen neuen Blick zu bekommen.

Kindern zu ihrem Recht verhelfen

Für das Kind ist es wichtig, trotz der Konflikte der Eltern einen sicheren Rahmen, ein warmes, geborgenes Nest zu erfahren. Ansonsten reichen Angst und Ungewissheit in andere Lebensbereiche des Kindes hinein. Zu spüren, dass sich auch nach einer Trennung an der Liebe, die es von beiden Elternteilen erfahren darf, nichts verändert, ist für sein Wohlergehen nötig. Für das Kind bricht sonst eine Welt zusammen.

Distanzieren Sie deshalb immer klar und sachlich die Probleme zwischen sich und dem Partner und der Sicherheit der Elternbeziehung, so schaffen Sie Ihrem Kind Stabilität, Sicherheit und Geborgenheit, auch in veränderten Familienstrukturen.

EIGENE VER-ANTWORTUNG ÜBEN

 Kinder sind sehr sensibel.
An äußeren Umständen, Miss-
ständen, Veränderungen weisen sie sich oft die
Schuld zu. Sie quälen sich dann abends in den
Schlaf, mit Problemen beladen, die sie tagsüber
nicht lösen konnten. Es ist wichtig, dem Kind
darzustellen, wie Dinge sich entwickelt haben,
damit es lernen kann, sich selbst und seine
Umwelt möglichst objektiv zu bewerten. Dann
wächst das Selbstvertrauen.

Schuldgefühle entwickeln – und abbauen

Kinder müssen lernen, aus ihren Schuldgefühlen heraus Verantwortung für ihr eigenes Tun zu entwickeln.

Die Entwicklung unserer Kinder hin zu selbstständigen Menschen und zu eigener Persönlichkeit braucht Zeit. Sie lernen viel, machen aber auch Fehler. Wie bei uns Erwachsenen tragen auch die Fehler der Kinder zu ihrer Entwicklung und Entfaltung ihrer Persönlichkeit bei.

Es gibt in der langen Lernphase der Kinder viele Situationen, die bei ihnen Schuldgefühle auslösen und verstärken. Permanente Kritik und Abwertung, auch der Verlust von geliebten Menschen durch Tod oder Trennung sind z.B. mit Schuldgefühlen und eigenen Schuldzuweisungen verbunden.

Die Leidensspirale der Kinder

Kinder erfahren sich oft als Träger unerfüllter Hoffnungen, Wünsche und Sehnsüchte ihrer Eltern. In Auseinandersetzungen und Streitigkeiten der übrigen Familienmitglieder, die sich z.B. ständig vorwerfen, etwas nicht zu können, nicht geschafft zu haben, wird diese Bannbotschaft häufig noch verstärkt.

Für viele Kinder beginnt nun eine Leidenszeit, eine Entthronung. Ähnliches passiert durch die Geburt eines Geschwisterkindes. Früher oder später wird das Ältere es genießen und auch forcieren, dem Kleineren mal »eins auszuwischen«, teils aus Eifersucht und Groll, teils aus der permanenten Zurückweisung, die es täglich erfahren muss. Es bekommt aber nicht seine vermisste Aufmerksamkeit zurück, sondern erntet dadurch Ermahnung und Schuldzuweisung der Eltern. Ein unermüdlicher Kreislauf von Kritik und Abwertung beginnt. Schuld, Verbitterung und angestaute Aggression suchen sich so ein anderes Ventil nach außen.

Ein einem Erwachsenen oft banal erscheinendes Erlebnis vermag in der Psyche eines Kindes tief greifende Eindrücke zu hinterlassen. Es kommt zur Verdrängung eines Schuldkomplexes auf der einen Seite, oder es verstärkt sich eingebildetes schuldhaftes Verhalten auf der anderen Seite, je nach psychischer Stabilität des Kindes. Kann es seine seelischen Probleme nicht alleine bewältigen, folgt daraus oft der Wunsch des Kindes nach Selbstbestrafung. Dies ist zu verstehen als ein unbewusster Selbstreinigungsversuch, der lieber negative Aufmerksamkeit auf sich zieht als gar keine.

Die Entspannungsübung

Mit der folgenden Ruheübung soll es Ihrem Kind erleichtert werden, zur Entspannung zu finden und vom Tag abzuschalten. Es ist eine gute Vorbereitung, um sich anschließend einzulassen auf innere Harmonie und Gelassenheit, die aus der Loslassgeschichte geschöpft und verinnerlicht werden kann.

Sorgen Sie für eine behagliche Atmosphäre, dimmen sie ein wenig das Licht, so dass ein Klima von Wohlbefinden entstehen kann. Dann lesen Sie langsam und deutlich vor:

Leg dich auf den Rücken. Ganz gelöst und entspannt lässt du mit jedem Atemzug, den du tust, Anspannungen in deinem Körper los, und du fühlst dich Atemzug für Atemzug ruhiger und harmonischer werden. Du spürst, wie dein Atem in dich hineinfließt, dich durchströmt mit Kraft und Lebensenergie, tief in deinen Bauch, und ganz sanft und mühelos aus dir wieder herausströmt. Nimm ganz bewusst und deutlich die Quelle deines Atems wahr. Du selbst steuerst Atemzug für Atemzug, über Rachen und Hals, über den Brustkorb, der sich ganz deutlich immer hebt und senkt, bis tief in den Bauch. Beim Ausatmen lässt du leicht und gelöst deinen Atem wieder aus dir herausströmen.

Mit tiefem, entspanntem Atmen nimmt der Körper Energien von außen auf. Diese Kräfte wirken beruhigend, stärkend und manchmal auch heilend auf die Psyche.

Es atmet dich ganz sanft und angenehm, so dass alles Belastende, jedes Gefühl von Schuld beim Ausatmen deinen Körper und deine Gedanken verlässt. Du lässt mit jedem Atemzug alles Belastende einfach los. Dein Bewusstsein und deine Gedanken sind offen für alles, was dir gut tut.

Du fühlst den Kontakt zum Boden, dich sicher getragen, und sinkst mit jedem Atemzug tiefer und tiefer in den Boden hinein und versuchst dich immer mehr und mehr zu entspannen. Genieße dieses Gefühl von Sicherheit und Geborgenheit und lass es mit deinem Atem durch deinen Körper und deine Gedanken strömen.

Solltest du in deinem Körper noch einen Bereich wahrnehmen, der dir vielleicht wehtut, der noch angespannt ist, dann schicke dort einfach ganz leicht und mühelos deinen Atem hin, der diese Anspannungen auflöst. In deinem Körper ist nur noch Wohlbefinden spürbar, dieses angenehme, ausgeglichene Wohlgefühl fließt mit jedem Atemzug durch deinen Körper.

Dein Körper atmet nun ganz von selbst, ganz von allein, ist wohlig warm und entspannt, und du ruhst, ruhst ganz tief aus.

Der Tanz der Eisvögel

▶ In einem fernen Reich, in welchem sich der Inbegriff der Schönheit der Natur spiegelt, fern, ganz fern, da liegt das Land der Eisberge. Die Natur ist dort deswegen so rein, klar und bezaubernd, weil kaum ein Mensch bisher diesen Boden berührt hat.

Die Sonne steht strahlend am Himmel und überträgt ihre Strahlen mit voller Kraft auf die Eisberge. Die Eisberge, die ansonsten ganz weiß sind, schimmern jetzt in allen erdenklichen Farben, so dass die Berge in einem magischen Glanz funkeln und sich widerspiegeln. Dieser phantastische Spiegel überträgt sich auf das Meer, welches die Eisberge umfließt, und lässt das Meerwasser sanft silbern schillern. Ein Anblick, in dem wir die ganze Schöpfung und die Schönheit der Natur erfahren.

Die sanfte Brise des Windes lässt die Meereswellen ganz ruhig zur Küste hin auslaufen, Welle für Welle, ein kleiner Wellenberg, ein Wellental, ganz ruhig auslaufen. So wie diese Welle fühlst auch du deinen Atem, der in dich einfließt und beim Ausatmen herausströmt. Welle für Welle, Atemzug für Atemzug. Mit jedem Atemzug fühlst du dich ruhiger und harmonischer werden. Diese Ruhe und Harmonie lässt dich immer tiefer und tiefer sinken, bis dein Körper ganz schwer geworden ist. Stell dir doch vor, du wirfst einen Stein in das Meerwasser hinein. So, wie dieser Stein immer tiefer und tiefer auf den Meeresboden sinkt, so sinkst auch du immer tiefer in deine innere Ruhe und in eine wohlige Entspannung hinein. Dein Atem trägt dich immer tiefer und tiefer.

In den Eisbergen leben ganz seltene, wunderschöne Vögel in ihrer bezauberndsten Pracht, die Eisvögel. Diese Eisvögel schimmern in den ungewöhnlichsten Farben, wie du es dir kaum vorstellen kannst. Von der Leichtigkeit des Windes lassen sich diese Vögel hoch hinauf zu den Wolken, dann wieder zu den Eisbergen und zum Wasser hinuntertragen.

Du sitzt an der Küste und genießt es, zuzuschauen. Voller Freude und Spaß lassen sich die Eisvögel auf das Spiel ein. Kein Vogel kommt dem anderen ins Gehege, jeder Vogel fühlt und spürt für sich allein seinen Weg und wie schön es ist, getragen zu werden.

Da löst sich ein Eisvogel aus der Schar und kommt auf dich zugeflogen. »Gefällt dir unser Spiel?«, fragt er. »Wir nennen es Tanz der Freude.« »Oh, ja«, bestätigst du, »wenn man euch zuschaut, scheint es Spaß zu machen.« »Riesenspaß, komm, mach doch mit, in unserem Land kannst du dich mit der Kraft deiner Gedanken jederzeit in einen Vogel verwandeln.«

»Das Leichtsein eines Vogels passt so gar nicht in meine momentane Gedankenwelt«, meinst du ganz trübsinnig. »Ich wäre lieber ein schwerer Elefant, so schwer beladen komme ich mir oftmals vor. Ständig treiben Schuldgefühle, spezielle oder auch allgemeine, die die Geschehnisse des Tages betreffen, in meinem Kopf herum. Nichts macht mir Spaß, zu nichts hab ich mehr Lust. Leichtigkeit und Tanz sind so für mich eher etwas ganz Unvorstellbares.«

Viele von den Vögeln dort oben haben sich verwandelt, um mal die eine oder andere Begebenheit ihres Lebens aus einem anderen Blickwinkel zu betrachten, von einer anderen Seite, aus einer anderen Sicht heraus, um ihnen vielleicht eine andere

Bedeutung geben zu können. Schau doch, wie sie es genießen! Anscheinend muss sich dort oben doch ein Wandel vollziehen. So leicht und beschwingt, wie sie sich alle bewegen, scheinen sie vollkommen loszulassen und ganz in dieser Welt aufzugehen.

Gesagt, getan: Ein bewusster Gedanke an die Schönheit, die Anmut, die Eleganz und Leichtigkeit dieser Eisvögel – und schon ist die Verzauberung vollzogen.

Spüre, wie alles um dich herum leichter und leichter wird. Die ganze Leichtigkeit des Seins fühlst du in deinem Körper und in deinen Gedanken. Du siehst nach unten, siehst dich selbst dort noch an der Küste sitzen und überlässt dich vertrauensvoll dem Wind. Siehe da, die Weite des Wassers, die Eisberge, das Segeln im Wind tragen dazu bei, dass du dich immer wohler und gelassener fühlst. Gelöst und geborgen, haben für dich die Dinge aus deinem Alltag vollkommen an Bedeutung verloren. Durch diese Leichtigkeit treten Gefühle von Schuld, Furcht und Angst immer mehr und mehr in den Hintergrund, verlieren an Bedeutung für dich. Das Gefühl der Sicherheit durchströmt dich mit jedem Flügelschlag ganz intensiv. Diese Sicherheit lässt Angst und Schuld wirklich für dich vollkommen bedeutungslos werden.

»Komm, fliegen wir doch ein Stück gemeinsam«, zwitschert der Eisvogel, der dich mit in die Lüfte genommen hat. Er lenkt seine Flugrichtung zu einem Eisberg, der in den schönsten Farbschattierungen glänzt und leuchtet. Das, was du siehst, ist nur die Spitze des Eisbergs, unter der Wasseroberfläche befindet sich der größte Anteil dieses Giganten, den du nicht sehen kannst.

So ist es auch bei dir. Das, was andere und du an deinem Aussehen und Verhalten wahrnehmen, das ist dein sichtbares Bewusstsein. Aber der größte Anteil deiner Persönlichkeit, den man nicht sehen kann, ist auch versteckt unter deiner Oberfläche. Es ist das riesige Potenzial deiner Gedanken und Gefühle. Dort wird dein Verhalten bestimmt, alle deine guten und positiven Verhaltensmuster, aber auch die schlechten, negativen Züge deiner Persönlichkeit.

In dieser Welt gibt es nun ein Wesen, welches all deine Schuld, Furcht, Angst, fehlendes Zutrauen und Vertrauen in dich selbst, all deine Sorgen auffressen kann, deinen Angstfresser. Stell ihn dir doch einmal genau vor. Siehst du ihn schon vor dir, vor allen Dingen sein großes Maul? Stopfe ihm ruhig alle deine Sorgen, all deine Schuld, Angst, Furcht, Befürchtungen und Zweifel, alles, was dich selbst stört, in sein Maul hinein. Ein richtiger Nimmersatt ist er. Für dich ist es doch eine wunderbare Gelegenheit, alles Bedrohende und Beängstigende loszuwerden, und wenn du später wieder an der Küste sitzt, hast du all die Leichtigkeit und den Tanz des Eisvogels nicht vergessen.

Tatsächlich, so viele negative Empfindungen und Konflikte landen im riesigen Maul des Angstfressers. »Danke«, mampft er so vor sich hin, »du kannst mich jederzeit, bei Tag und Nacht wieder rufen, uns beiden ist dann geholfen. Mein Appetit ist riesengroß, und du bist es los. So werden alle deine Befürchtungen vollkommen bedeutungslos für dich. Dir wird es dann von Tag zu Tag und von Nacht zu Nacht immer besser und besser gehen.«

Der Eisvogel begleitet dich wieder zur Küste zurück. Wie er gesagt hat, ist dieses Gefühl der Erleichterung ganz tief in dir verankert. »Danke für den Flug«, sagst du noch, und schon schwebt der Eisvogel leicht und beschwingt der Sonne entgegen, in die Weite des Himmels. Für ihn beginnt ein neues Spiel mit dem Wind.

Du fühlst nun die angenehme Wärme und Geborgenheit, die dich umhüllt wie ein weiter, schützender Mantel. Mit jedem Atemzug sinkst du tiefer und tiefer in die angenehme Müdigkeit und in deine Träume.

Auseinandersetzung mit Konflikten

Wie Schuldgefühle bei Kindern enstehen, haben wir eingangs schon gesehen. Es geht nun darum, wie man helfen kann, mit diesen negativen Emotionen umzugehen oder sie in etwas Positives zu verändern.

Es ist ja gut, wenn Kinder Schuld spüren, da, wo sie selbst Unrecht verursacht haben. Wenn sie andere Kinder ärgern, so dass diese weinen müssen, sollen sie merken, dass das hätte vermieden werden können. Man kann sie für selbst verschuldete Fehler an anderen Menschen oder an Dingen auch mal bestrafen. Damit lernen sie, Stück für Stück Verantwortung für eigenes Tun zu tragen.

Kindliche Ängste

Wenn Eltern merken, dass ihre Kinder sich selbst mit Schuld beladen, sollten sie dem auf den Grund gehen. Übermäßige Schuldbelastung hemmt die natürliche Entwicklung der Kinder.

Anders ist es mit Schuldgefühlen, die sich auf keine konkrete oder vor allem auf keine reale Situation beziehen. Kinder können sich leicht schuldig fühlen für etwas, das sie nicht verursacht haben.

Für Kinder, die sich mit solchen Schuldgefühlen herumschlagen, ist es besonders wichtig, die Wertschätzung der Eltern zu spüren, aufzunehmen und zu erfahren. Das entgegengebrachte Vertrauen stärkt sie und ist besonders wichtig für die Richtigstellung der Selbstbewertung und der des Umfeldes. Auf diesem Wege lernt das Kind, wie wichtig es ist, sich selbst anzunehmen, wie es ist. Sonst würde sich das Gefühl der Angst vor einem weiteren Versagen verstärken. Und das würde mit größter Sicherheit zu einem neuen Versagen führen.

Richtig schlimm wird es, wenn das Kind aus seinem Schuldgefühl überhaupt nicht mehr herauskommt. Das ist vergleichbar etwa mit der Anspannung bei Angstgefühlen, die einen nicht mehr loslassen.

Diese seelische Konfliktsituation verstärkt den mangelnden Lebensmut des Kindes. Die »große Schuld« hat das Kind oft so verinnerlicht, dass sehr viel Lebensfreude in ihm schon erloschen ist.

Gemeinsame Unternehmungen, Lachen, Spaß benötigt ein so geplagtes Kind als Lebenselixier. Aus seinem negativen Gefühl heraus findet es keinen Weg mehr zu dem normalen Auf und Ab des Tages. Helfen Sie ihm deshalb, sich sachlich mit der Schuld und dem zugrunde liegenden Vorfall auseinanderzusetzen.

Das Begreifen der Realität fördert es, weitsichtiger zu sein, sich anderen möglichen Perspektiven zu öffnen. Es spricht nichts gegen eine behutsame Konsequenz aus dem Verhalten des Kindes. Das zeigt ihm im Gegenteil, dass Reue ein möglicher Weg aus der Schuld ist. Reuegefühle helfen, sich mit Schuld auseinanderzusetzen.

Tatsächliche Schuld des Kindes an einem Vorfall sollte nicht übergangen werden. An den Folgen eigenen Fehlverhaltens lernt das Kind, wie weit Verantwortung reicht.

Ursachen auf den Grund gehen

Wodurch sind die massiven Schuldgefühle bei dem Kind überhaupt zustande gekommen?

Es ist wichtig zu überprüfen, ob das Kind überfordert ist oder ob es undurchführbare Ziele vorgesetzt bekommen hat. Die Eltern können durch die gewonnenen Erkenntnisse dann zusammen mit dem Kind die neue Zielsetzung überprüfen und besprechen. Dabei gibt es einige Regeln, die beachtet werden sollten.

★ Zeigen Sie Ihrem Kind ganz bewusst, dass Sie es bedingungslos lieben und wertschätzen.

★ Seien Sie liebevoll aufmerksam.

★ Schenken Sie Körperkontakt.

★ Gehen Sie offen auf die Bedürfnisse Ihres Kindes ein.

★ Bei massiven Schuldgefühlen nach einem Vorfall sollte zu Strafen und Schimpfen in dieser Verbindung gar nicht erst gegriffen werden.

★ Nehmen Sie Grenzen, die das Kind setzen will, ernst.

Aufgrund der eigenen Schuldzuweisung ist Ihr Kind aus seiner Bahn geworfen worden. Helfen Sie ihm, wieder zu seinem Alltag ohne größere Belastungen zurückzufinden. Durch Ihre behutsame Führung wird Ihr Kind somit seinen sicheren Platz in der Familienstruktur wieder finden.

VERHÄLTNIS DER GESCHWISTER

Wenn ein neues Familien-
mitglied kommt, ein
Geschwisterchen geboren wird, sind negative
Gefühle wie Eifersucht Wahrnehmungen, die
jedes Kind spürt und auch haben darf. Schließlich
wird es ja seiner bisherigen ersten Position in
der Familie entthront. Jedes Neugeborene steht
zunächst im Zentrum des Geschehens und ver-
weist Geschwister auf ungewohnte Positionen.

Rivalität unter Geschwistern

Nach der Ankunft eines neuen Geschwisterchens ist es gut, wenn Eltern sich gerade für das ältere Kind bewusst Zeit nehmen. So wird es auch in einer veränderten Familienkonstellation seinen sicheren Platz behalten.

In einer Familie gibt es häufig nicht nur ein, sondern zwei oder mehrere Kinder. Probleme entstehen hier unter den Geschwistern und ihrer Position innerhalb des Familiengefüges.

Schon in der Schwangerschaftsphase der Mutter wird dem älteren Kind immer wieder suggeriert, wie schön es wird, wenn das Baby erst einmal da ist. Auch über das Verhalten des Älteren gegenüber dem Jüngeren wird gesprochen (schön brav zu sein), der neue Spielkamerad versprochen. Doch das sind in Wahrheit rosarote und himmelblaue Träume, die mit dem Kind, welches seinen Platz im Familiengefüge bereits gefunden hat, wenig zu tun haben. Oftmals sind es die Wunschbilder der Mutter oder des Vaters, die da entstehen. Die Größeren durchschauen aber sehr schnell falsche Ankündigungen, und die Frustration wird umso größer nach der Geburt des Geschwisterchens. Zu spüren, dass die Favoritenposition stark am Wackeln ist, nimmt jedes Kind unterschiedlich schmerzlich auf. Der Verlust ist enorm, und das ältere Kind benötigt in dieser Phase sehr starke Zuwendung.

Die große Enttäuschung?

Das ältere Kind bewegt sich immer zwischen Begeisterung einerseits und Abneigung andererseits, so dass Eifersucht als Gefühl einfach da ist. Unkontrolliert nimmt es die eigene Hilflosigkeit wahr, nichts an dieser Situation ändern zu können. Eigene Frustration wird verschoben in Attacken, Worte und Handlungen, die z.B. gegen das Neugeborene gerichtet sind. Gerade bei Kindern, die einen stets liebevollen und zuvorkommenden Eindruck machen, sind häufig gegen sich selbst gerichtete Aggressionen zu beobachten.

Sie sollten als Eltern keinesfalls über die Probleme, die Ihr älteres Kind mit dem neuen Geschwisterchen hat, hinwegsehen.

Das richtet mit Sicherheit mehr Schaden als Nutzen an. Auch unter einem Deckmantel aus Liebe und Harmonie lassen sich Geschwisterrivalitäten nicht verleugnen. Jeder in der Familie muss lernen auch mit solchen Emotionen umzugehen.

Die Entspannungsübung

Diese Ruheübung erleichtert ihrem Kind den Übergang zu finden von der Anspannung des Tages hin zur Entspannung, um sich einzulassen auf innere Harmonie und Gelassenheit, die es aus den Loslassgeschichten schöpfen und verinnerlichen kann. Sorgen Sie für eine behagliche Atmosphäre, dimmen sie ein wenig das Licht, so dass ein Klima von Wohlbefinden entstehen kann. Lesen Sie nun Ihrem Kind vor, wie es sich entspannen und auf die später folgende Geschichte konzentrieren kann:

Leg dich ganz entspannt auf den Rücken, fühle, wie dein ganzer Körper auf der Unterlage aufliegt. Ganz deutlich fühlst du nun deinen Atem, wie er in deinen Körper fließt. Du nimmst ihn auf über deinen Rachen, deinen Hals, deinen Brustkorb, bis tief in deinen Bauch. Fühle beim Einatmen die Weite deines Bauches, wie er sich hebt, und beim Ausatmen spüre, wie sich dein Bauch wieder senkt. Heben und Senken geschehen ganz von allein, wie von selbst, einfach nur atmen, einfach nur sein. So fühlst du deinen Atem, der dir Ruhe bringt. Diese Ruhe umhüllt deinen Körper wie ein weiter, beschützender Mantel. Alle deine Muskeln und Nerven sind wohltuend zur Ruhe gekommen.

Jede angesprochene Körperpartie wird bewusst noch einmal gespürt, um dann ganz gelöst und entspannt ruhig dazuliegen.

Deine Augenlider werden nun immer schwerer und schwerer. Ganz angenehm schwer werden sie, und die Lider schließen sich ganz von selbst. Es ist einfach nur schön, nichts tun zu müssen, nichts zu wissen, nur auszuruhen, nur zu atmen, nur zu sein. Ein Gefühl des Friedens überkommt immer mehr deinen Körper und deine Gedanken. Eingehüllt in diesen wunderbaren Ruhezustand, versinkst du immer mehr in Ruhe und Harmonie.

Nun lasse deinen Atem ganz aufmerksam durch deinen Körper wandern. Fühle, wie der Atem ein- und wieder ausströmt. Durch dein bewusstes Atmen und deine innere Aufmerksamkeit nimmst du auch ganz bewusst deinen Herzschlag deutlich wahr. Fühle, wie sich dein ganzer Brustbereich mit jedem Atemzug mehr und mehr entspannt und dein Herz ganz ruhig und gleichmäßig schlägt, dein Herz schlägt ganz ruhig und gleichmäßig.

Stell dir doch vor, wie mit jedem Atemzug auch dein Herz immer größer und größer wird, mit jedem Atemzug größer und größer, so dass es dir dadurch auch immer leichter und leichter fällt, deinen Mitmenschen herzlich zu begegnen. Leicht und mühelos, so wie dein Atem fließt, schließt du die Menschen, die in deinem Umfeld leben, in dein Herz. Du genießt die Ruhe und den tiefen Frieden, den du dabei empfindest.

Dein Körper atmet nun ganz von selbst, ist wohlig warm und entspannt, und du ruhst, ruhst ganz tief aus.

Waldfrieden

▶ Schließe deine Augen, vergesse einfach deinen Tag und lass dich mit deinem Atem weit in entfernte, dir unbekannte fremde Länder, Kontinente und Welten tragen. Du wirst ankommen in einem Land, in dem sich die Welt etwas langsamer und träger in eine andere Richtung dreht, in der es keine Trennung durch Flüsse, Meere oder auch Grenzen gibt. Alle Menschen haben noch die gleiche Hautfarbe, die Kinder die gleichen Rechte und Pflichten wie die Erwachsenen. Mensch und Tier sind sich noch einig und leben in Frieden und Liebe gleichberechtigt miteinander.

Dorthin trägt dich dein Atem, mit jedem Atemzug mehr und mehr. Da sich dort die Welt etwas langsamer dreht, atmest auch du langsam, ruhig und gleichmäßig, um in diese fremde Welt eindringen zu können. Ganz leicht gelingt es dir, und schon spürst du die Verbundenheit mit dem neuen Sein.

Du blickst dich um und bist so gefangen von der Schönheit der Natur, dass all dein Denken, dein Wahrnehmen, dein dich spüren für einen Moment völlig bedeutungslos geworden sind. Du siehst dich in einer kleinen Waldlichtung, die Natur scheint dort eingetaucht von einem kleinem silbrigen Schein, so dass bei dem kleinsten Windhauch die Welt um dich herum glitzert und strahlt. Die Sonne blitzt golden durch die schlanken, hohen, grünen Tannen und Laubbäume.

Diese goldenen Strahlen der Sonne erwärmen mit jedem Atemzug deinen ganzen Körper und Geist, so dass du wohlig warm und tief entspannt die Natur um dich herum genießen kannst. Durch die Wahrnehmung der Natur folgst du auch ganz bewusst wieder deinem Atem, der dir Kraft und Energie schenkt. Eingehüllt in diese harmonische Landschaft, liegt ein Polsterteppich aus Moos und Gras vor dir.

Während du dich weiter umblickst, nimmst du um dich herum ein Vielerlei von Bewegung wahr. Alle Tiere des Waldes scheinen ganz munter, wach und voller Energie und Tatendrang zu sein – welch ein Getümmel. Vögel, Füchse, Mäuse, Kaninchen, Igel, Wildschweine, Rehe und noch mehr Tiere, die alle im Wald ihren Lebensbereich gefunden haben, bewegen sich ohne Scheu und Angst miteinander. Jedes lässt dem anderen genügend Freiraum und respektiert seine Bedürfnisse. Welch ein friedvoller, harmonischer Anblick! Frieden liegt über dem Wald, und du merkst ganz deutlich, dass hier nicht ein Einzelner für diese wunderbare Ruhe und das entspannende Klima verantwortlich ist, sondern dass wirklich jedes einzelne Wesen Verantwortung übernommen hat. Der Freiraum des anderen und seine Bedürfnisse werden wahr- und ernst genommen, weil alle Tiere des Waldes sich entschieden haben, friedvoll zu leben. Durch dieses friedvolle Bild wird dir ganz klar, dass auch du Verantwortung für Frieden in dir trägst. Der Frieden der ganzen Welt beginnt immer in dir selbst.

Dein Blick wird gefangen genommen von kleinen, possierlichen Tierchen, die hin und her hopsen. Es sind Erdhörnchen, die hier ganz ausgelassen ihr munteres Spiel treiben. Eine riesi-

143

ge Familie, zwei etwas größere Tierchen – wahrscheinlich die Eltern – und sechs kleine. »Komm doch eine Weile mit uns, sei unser Gast«, spricht so ein Kleines zu dir. Und schon marschierst du inmitten dieser lustigen Schar dem großen Erdbau der Erdhörnchen entgegen. Der Bau ist schön groß, kuschelig warm und gemütlich. Hier fühlen sich alle Erdhörnchenkinder ganz wohl, sicher und geborgen. Jedes hat seinen Platz. Wenn sie nachts einschlafen, liegen sie alle ganz eng aneinander gekuschelt und genießen es, die Wärme, Nähe und Geborgenheit der anderen Geschwister zu spüren. Auch für dich rücken die kleinen Erdhörnchen zusammen, und so findest auch du deinen Kuschelplatz zwischen den Geschwistern und ruhst mit ihnen ganz tief aus. Ihr alle genießt die tiefen Atemzüge, die euch den erholsamen Schlaf bringen.

Unerbittlich kitzelt ein Sonnenstrahl in deinem Gesicht, es hilft nichts: Augen auf. Auch den anderen Erdhörnchenkindern geht es so. Der Morgen ist schon angebrochen und schickt seine hellen, wärmenden Strahlen. Du fühlst dich so wohl wie schon lange nicht mehr. Um dich herum ist ein großes Hallo, jeder begrüßt den neuen Tag und seine Geschwister ganz bewusst und liebevoll, auch dir werden viele Ermunterungen zugerufen. Es ist so angenehm für dich, diese Geborgenheit aufzunehmen, die dich umhüllt wie ein weiter, schützender Mantel. Es gibt viel zu lachen, die Kissen fliegen umher, und jeder strotzt nur so vor Energie und Freude.

Die Erdhörncheneltern sind anscheinend schon im Morgengrauen aufgestanden und haben die Speisekammer der Natur geplündert. Da stehen schon tolle Leckerbissen für das Frühstück bereit. Am liebsten würden sich die kleinen Erdhörnchen sofort auf das gute Essen stürzen und potzblitz alles aufessen. Aber sie nehmen sich alle noch an den Händen, und jeder schenkt dem anderen ein Lächeln und gute Gedanken, so dass es dir ganz warm ums Herz wird. Jeder ist dem anderen wahrlich herzlich zugetan. So leicht erscheint es, für ein angenehmes Klima in der Familie zu sorgen, Lächeln, Bewusstsein, den anderen einfach wahrnehmen und respektieren als wunderbare

Persönlichkeit, so wunderbar und ganz und gar einzigartig, wie jeder von uns selbst.

Nach dem Frühstück beschließen alle, sich ein wenig in die Sonne zu legen und sich ihren vollen Bauch wärmen zu lassen. Sie strecken ganz faul alle Viere von sich, und eine wunderbare Ruhe fließt in alle Körper und Seelen. Ganz ruhig und gelöst, einfach daliegen und genießen: Wärme, Schwere und wohlige Entspannung. Die Sonne strahlt euch an und du fängst an zu träumen.

In diesem Traum fühlst du, dass diese Erdhörnchenfamilie mit ihrem harmonischen Tagesablauf Wegbereiter für dich ist. In Zukunft wirst du es dir auch gönnen, harmonische Gedanken und Gefühle von anderen aufzunehmen und offen zu sein für positive Wahrnehmungen an deinen Eltern, Geschwistern und Freunden. Du träumst weiter von deinen Freunden, deinem Spaß und deiner Freude und den vielen schönen Erlebnissen, die euch auch weiterhin stets verbinden werden.

Familie in Harmonie

Es ist vollkommen klar, dass Neid und Eifersucht normale Emotionen sind, die jedes Kind, welches mit einem Geschwister konfrontiert wird, auch haben darf. Deshalb ist es auch wichtig zu wissen, dass man diese Gefühle nicht vermeiden kann, sondern nur lindern. Es ist eben besser, in Lösungen zu denken, als an einer Ursache herumzudoktern, die nicht zu verändern ist. Lassen Sie es bei Ihrem Kind zu, auch einmal kritisch dem Neugeborenen gegenüber sein zu dürfen, zu klagen, traurig zu sein, eben über seine Gefühle zu reden. Fordern Sie es auf, ruhig seine negativen Wahrnehmungen zu äußern. Sie stärken Offenheit und Vertrauen und mildern so Konflikte. Es ist wichtig für das Kind, aussprechen zu dürfen, dass das Baby nicht nur gerne gesehen wird. Zeigen Sie als Eltern immer wieder auf, wie angenehm Sie es empfinden, eine große Familie um sich zu haben. Versuchen Sie den Anfangsstress nicht in die ganze Familie mit hineinzunehmen.

Ein harmonisches Zusammenleben mit allen Familienmitgliedern sollte von jedem angestrebt und als Ziel gesehen werden, so dass jeder in diesem großen Familiennest seinen festen Platz in Geborgenheit, Liebe und Harmonie findet.

145

SO SCHLAFEN ALLE KINDER BESSER EIN

 Wir sind so sehr in die Mühle des Alltags mit all seiner Hektik, seiner Anspannung und seinem Stress eingebunden, dass wir zu Hause gar nicht mehr zur Ruhe kommen. Das Hier und Jetzt, die Ruhe unseres Heims und der eigenen Familie wird nicht genossen. Dabei lohnt es sich, Schutz und Geborgenheit in den eigenen vier Wänden zu suchen, sich von allen negativen Einflüssen und Störungen von außen regelmäßig zu lösen.

Das Programm für Eltern und Kinder

Die abendliche Zeremonie des Einschlafens, das Abschließen des Tages, sollte grundsätzlich geprägt sein von Ruhe, Gelassenheit und Harmonie. Dabei nehmen wir ein tiefes Wohlbefinden in unserem Körper und Geist auf, was unsere Gesundheit fördert.

Halten Sie Ihren »Erwachsenenalltag« von Ihren Kindern fern. Stimmen Sie sich ein in die Welt Ihres Kindes. Auch Sie werden es genießen, einmal nichts Großartiges denken, tun oder sagen zu müssen. Lassen Sie die Probleme des Alltags ganz in den Hintergrund treten.

Die positive Grundstimmung

Jedes Mitglied der Familie spürt und erfährt, dass es sich in einem Raum bewegt, in dem es sich ohne ständigen, permanenten Druck entfalten kann.

Gewöhnen Sie sich an, beim gemeinsamen Abendessen grundsätzlich nur das Positive, das Gute, die Freude des Tages als Gesprächsthema zu wählen. Halten Sie sich nicht auf mit Negativem. So geben Sie selbst Ihre positive Grundeinstellung zum Leben an Ihr Kind weiter und ermöglichen ihm, seinen Blickwinkel zu verändern.

Nehmen Sie sich einfach zurück, versuchen Sie nichts zu steuern, zu kritisieren. Tadeln und verurteilen Sie nicht. Sie werden bemerken, die ganze Familienatmosphäre entspannt sich, eigene Anspannungen lösen sich auf, je mehr Sie loslassen. Ihr ganzes Umfeld wird gelassener und harmonischer werden.

Zugang zu Kindern

Stimmen Sie sich ganz ein auf die Welt, das Umfeld, das Gedankengut Ihres Kindes und Sie werden aus Ihrem Kind lesen wie aus einem offenen Buch. Lassen Sie es erzählen (das Positive) mit all seinen Sinnen und Eindrücken, ermuntern Sie es immer wieder, viel von dem auszusprechen, was die kleine, sensible

Kinderseele von außen aufgenommen hat. So kann sich das Kind von Anspannungen verbal lösen und nimmt unangesprochene Konflikte nicht mit in den Schlaf. Ermuntern Sie es, genau hinzuschauen auf das, was es heute wieder geleistet und geschafft hat – und das ist eine ganze Menge. Spenden Sie unverhohlen Anerkennung. Bestärken Sie Ihr Kind in dem Zu- und Vertrauen in sich selbst. Bejahen Sie seine Stärken und Fähigkeiten.

Seien Sie sich bewusst, dass Sie als Erwachsener die wahre Schatzkammer Ihres Kindes sind, kostbar und einzigartig. So kritiklos und ohne Vorbehalte zu lieben, bedingungslos, ist das Privileg unserer Kinder. Spiegeln Sie dieses kostbare Geschenk wieder zu Ihrem Kind zurück, schenken Sie Momente und Augenblicke der beständigen Aufmerksamkeit.

Nur wenn man mit dem Kind daran arbeitet, regelmäßig vor dem Schlafengehen zu Ruhe und Ausgeglichenheit zu finden, schöpft es aus dem Schlaf die Kraft für den nächsten Tag.

Für einen ruhigen Schlaf

Lassen Sie sich ein auf ein gemeinsames, liebevolles Loslassen des Alltags, auf einen tiefen, erholsamen Schlaf, in dem unser ganzer Körper und Geist entspannen und regenerieren kann, in dem sich alle Ihre Selbstheilungskräfte wieder frei entfalten können.

Für den Morgen stellen Sie den Wecker lieber 15 Minuten früher, um gelassener zu sein. Morgens, wenn Sie dann gemeinsam den Tag beginnen, wird jedes einzelne Familienmitglied in Ruhe, Harmonie und Lebensfreude an seine täglichen Aufgaben und Pflichten gehen.

Der Ruheplatz

Schaffen Sie Ihrem Kind einen Schlafplatz, an dem es sich wohl fühlt. Jeder schläft ruhiger ein in einer Umgebung, die ihm Sicherheit, Geborgenheit und Wärme gibt, als an einem Ort, der kalt und unheimlich wirkt. Fragen Sie, was Sie gemeinsam verändern könnten, wie es sich selbst sein Nest gestalten würde. Vielleicht hat es gerne alle seine Kuscheltiere um sich oder möchte eine besondere Decke mit ins Bett nehmen. Eventuell sorgen Sie für eine kleine Nachtbeleuchtung, wenn sich das Kind im Dunkeln unwohl fühlt. Kreative Wünsche kosten oft sehr wenig Geld. Wichtig ist dabei vielmehr, dass wir unsere Kinder und ihre Bedürfnisse wahrnehmen und ernst nehmen.

Ritual des Umziehens

Bejahen Sie bei Ihrem Kind das Gefühl, dass es jetzt sorgenfrei ins Bett gehen und schlafen kann.

Mit der Ruhe des Abends kommen häufig die Tagesprobleme noch einmal in Erinnerung. Tagsüber ist man einfach zu beschäftigt und abgelenkt, um alle Fragen gleich zu beantworten, um sich der Tragweite eines Konflikts voll bewusst zu werden. Und am Abend stürzen dann mitunter die Schwierigkeiten wieder auf einen ein.

Durch eine veränderte Wahrnehmung, wenn wir die Probleme aus einem anderen Blickwinkel ansehen, werden wir offen für neue Erkenntnisse, für neue Wege und neue Lösungsmodelle. Zeigen Sie dem Kind auf, dass alle Menschen sich täglich mit Sorgen, Ängsten und Kummer herumschlagen müssen. Dem Kind wird auch dieser Anteil des Lebens bewusster und es weiß, dass sich in der Problembewältigung ein Reifungsprozess vollzieht.

Probleme ablegen beim Umziehen

Machen Sie ein Loslassritual aus dem Umziehen, und Sie werden viele Gefühle und Gedanken an Ihrem Kind wahrnehmen, die Ihnen anfangs vielleicht fremd vorkommen.

★ Fragen Sie Ihr Kind, bevor es sich umzieht, nach dem größten Ärgernis, dem größten Kummer, dem belastendsten Ereignis des Tages.

★ Bitten Sie Ihr Kind, sich vorzustellen, dass es nun beim Umziehen mit jedem Kleidungsstück, welches es auszieht, auch ein wenig von seinem Kummerpäckchen loslässt. Mit jedem Kleidungsstück lässt es ein wenig mehr los, bis mit dem letzten Kleidungsstück einfach und leicht der ganze Ballast abgelegt wird.

Loslassen und Einstimmen

Vergessen Sie während des ganzen Prozesses des Zur-Ruhe-Kommens sämtlichen Druck und innere Anspannungen. Setzen Sie sich nicht mit Sorgen und Konflikten auseinander, die das Morgen betreffen. Seien Sie mit all ihren Sinnen einfach bei dem Abend, den Sie in Ruhe ausklingen lassen möchten. Versuchen Sie, die unbewussten Konflikte und Ängste ihres Kindes aufzudecken. Sehr hilfreich ist hier die »Feenmethode«. Dabei äußert sich das Kind oft ganz spontan ohne nachzudenken, und das ist gut so. Es ist verbunden mit seiner Intuition.

Hilfe von der Fee

Setzen Sie sich ans Bett des Kindes, fragen Sie, was es sich wünschen würde, wenn die Türe aufgehen und die gute Fee im Raum stehen würde und es einen Wunsch frei hätte. Der Wunsch sollte etwas sein, das man für Geld nicht kaufen kann. Aus der Antwort können Sie leicht herausfinden, welche Art von Einschlafproblematik Ihr Kind momentan betrifft. So können Sie sich gezielt an eine Loslassgeschichte aus dem Inhaltsverzeichnis wenden.

Das Vorlesen

Lesen Sie die Geschichte schön langsam, lassen Sie den Text auf Ihr Kind wirken, lassen Sie Raum für Fragen. In der Ruhe liegt die Kraft. Versuchen Sie, selbst Ruhe und Gelassenheit aus Ihrem Atem zu schöpfen. Atmen Sie beim Einatmen tief in Ihren Bauch, und lassen Sie beim Ausatmen Ihren Atem leicht wieder herausströmen.

Jedes bewusste Ausatmen bedeutet Loslassen des Alltags, einstimmen auf Entspannung. Lesen Sie, wenn Sie das Gefühl haben, dass Ihr Kind sehr unruhig ist, die Ruheübungen auch ein zweites Mal.

Dimmen Sie ein wenig das Licht und halten Sie mit Ihrem Kind immer ein wenig Körperkontakt. Fragen Sie, was angenehm ist: Hand in Hand, Hand auf Stirn oder Bauch. Genießen Sie die

Das Vorlesen der Entspannungsgeschichten fördert auch in dem Vorleser das Gefühl von Ruhe und Harmonie. Gerade beim Lesen ist es sehr hilfreich, ruhig und ganz gleichmäßig mitzuatmen.

Verbindung mit Ihrem Kind. Vertrauen Sie Ihrer Intuition. Wer könnte sich besser auf dieses wunderbare Geschöpf an Ihrer Seite einstimmen als Sie selbst! Sie bereichern damit Ihr eigenes Leben. Sie können nur gewinnen, ein Stück Urvertrauen bestärken. Vertrauen schafft Sicherheit und Geborgenheit. Aus dieser Geborgenheit heraus werden Sie erspüren, dass Ihr Kind es zulässt, loszulassen, um wieder ganz in sich selbst zur Ruhe zu kommen.

Die Schmusetieratmung

Entspannungs-übungen eignen sich natürlich nicht nur am Abend vor dem Schlafengehen. Auch untertags helfen sie dabei, sich kurz aus der Alltagshektik auszuklinken.

Diese grundsätzliche Entspannungsübung eignet sich wunderbar, um zur Ruhe zu kommen, den Alltag loszulassen und eigene Körperempfindungen wieder bewusster wahrzunehmen. Sie dient auch der Ruheeinstimmung für jede der Loslassgeschichten, da uns diese Tiefenatmung wieder in die innere Mitte bringt und in unser seelisches Gleichgewicht. Das gilt sowohl für Kinder als auch für Erwachsene. Immer wenn Sie Anspannung bei Ihrem Kind spüren, auch wenn Sie selbst tagsüber wahrnehmen, dass Ihnen einfach alles zu viel ist, werden Sie merken, dass mit ein paar bewussten Atemübungen die Anspannung weicht.

Sprechen Sie nun langsam und deutlich Ihrem Kind vor:

Leg dich auf den Rücken, ganz bequem, nimm dein Schmusetier, deinen Gefährten für die Nacht, und lege es auf deinen Bauch.

Stimm dich nun ein auf den Kontakt deines Körpers zu deiner Unterlage. Spüre, wie dein Kopf auf dem Kissen aufliegt, lass ihn mit jedem Atemzug immer schwerer und schwerer werden. Auch deine Schultern, dein ganzer Rücken sinkt immer schwerer und schwerer in dein Kissen hinein. Ein ganz angenehmes Gefühl, so zu versinken, schwerer und schwerer, bleischwer. Auch Beine und Füße sind wie nach einer langen Wanderung bleischwer geworden und sinken ganz schwer in dein Bett hinein, ganz angenehm, wohlig schwer.

Höre ganz bewusst die Geräusche, die von außen an dein Ohr dringen, alle Geräusche tragen nur noch intensiver zu deiner Ruhe bei, nichts kann dich aus diesem Zustand des wohligen Ausruhens bringen. Kein Geräusch, kein Gedanke stört dich. Nichts tun zu müssen, nur ganz schwer zu sein, du lässt einfach alles los!

Spüre dich ein auf die Schwere deiner Schultern, deines ganzen Rückens, deines Pos, wie schön es ist, dein ganzes Gewicht einfach loszulassen, Beine und Füße mit jedem Einatmen immer schwerer und schwerer und tiefer und tiefer sinken zu lassen. Sollte es noch einen Bereich in deinem Körper geben, der dich noch zwickt oder kitzelt, so lass auch diesen ganz schwer in dein Bett hineinsinken.

Stell dir doch mal vor, du wirfst eine kleine Glaskugel ins Wasser. So, wie diese Kugel immer tiefer und tiefer sinkt, sinkst auch du tiefer und tiefer in dein Bett hinein.

Und du fühlst und siehst nun dein Schmusetier auf deinem Bauch. Jedesmal, wenn du einatmest, siehst du, wie sich dein Tier, dein Bauch hebt und beim Ausatmen wieder senkt. Heben und Senken geschehen ganz von selbst, leicht und mühelos, einfach nur geschehen lassen, treiben lassen. Beim Einatmen hebt es sich, beim Ausatmen senkt es sich.

Du spürst die Wärme von deinem Schmusetier in deinem Bauch, und diese Wärme spendet dir Schutz und Geborgenheit. Ein ganz angenehmes Gefühl, welches mit jedem Atemzug durch deinen Körper fließt, ganz sanft und angenehm. Du kennst doch dieses angenehme Wärmegefühl, wenn dir die Mutter oder sonst ein lieber Mensch eine Wärmflasche auf den Bauch gelegt hat, ganz angenehm warm strömt und fließt dieses Wärmegefühl in dir. Wärme und Schwere fließen ganz leicht mit jedem Atemzug durch deinen Körper, ein ganz angenehmes Gefühl der Geborgenheit.

Dein Schmusetier hebt und senkt sich und begleitet dich in diesem angenehmen Wiegen der Geborgenheit, der Ruhe und Gelassenheit in deinen Schlaf, während du einfach loslässt und dich treiben lässt!

Auch ältere Kinder haben häufig noch ein Kuscheltier in ihrem Bett. Bei dieser Entspannungsübung wird das Lieblingstier mit einbezogen.

Ein Wort an die Eltern

Seien Sie wachsam, wenn Sie bei sich selbst eine Störung Ihres Alltags und Ihres Gefühlslebens wahrnehmen, seien es Aggression, Antriebslosigkeit, Langeweile, Schlafstörungen, Unruhe, Beziehungsprobleme, Ess- und Schlafprobleme, Abwertung anderer oder seiner selbst. Hierbei spielt die Verschiebung der eigenen Frustration eine große Rolle. Dem negativen Selbstwahrnehmungsgefühl liegt immer ein eigener seelischer Konflikt zugrunde. Hat man dies einmal erkannt, lohnt es sich, der Ursache nachzugehen.

Auf sich selbst achten

Eltern stehen in der Erziehung zwischen zwei Positionen: einerseits den Bedürfnissen und der Förderung des Kindes, andererseits ihren eigenen Wünschen und persönlichen Bedürfnissen.

Der fürsorgliche Anteil Ihrer Persönlichkeit, der gerne, gut und ständig für die Bedürfnisse der Familie und seiner Mitmenschen im persönlichen Umfeld sorgt, ist momentan wesentlich verstärkter als der Bereich der Persönlichkeit, der für sich selbst gut und liebevoll sorgt, der eigene Bedürfnisse, Wünsche, Sehnsüchte, Ziele und Veränderungen spürt, lebt und wahrnimmt.

Für andere sind Sie wahrscheinlich die beste Freundin, der beste Kamerad. Aber kann es das sein? Wer sorgt für Sie, für Ihre eigene Bedürftigkeit? Ihre Liebe und Zuwendung für andere verpackt ist wie in einem großen Behälter, aus dem Sie schöpfen. Aber wenn er leer ist, dann wird es Zeit, ihn aus Ihrer eigenen Selbstverantwortung heraus liebevoll zu füllen, indem Sie bewusst das eigene »Ich« wahrnehmen und für sich selbst sorgen. Fragen Sie sich: »Was habe ich denn heute ausschließlich für mich getan?«

Seien Sie sich selbst wieder die beste Freundin, der beste Freund. Sollte Ihnen bewusst werden, dass Sie für sich selbst wirklich kaum gut sorgen, Ihre Bedürfnisse, das, was Ihnen Spaß und Freude bereitet, eigene Wünsche, Träume, Ziele und Sehnsüchte kaum mehr kennen, dann ist natürlich der Frustration Tür und Tor geöffnet.

Eigene Unzufriedenheit strahlt aus

Die Frage nach dem Sinn Ihres Lebens beantwortet sich nicht darin, nur für andere zu leben und zu sorgen, den Kindern den Weg ins Leben zu ebnen und dabei Ihre eigene Persönlichkeit und Entwicklung ständig zurückzunehmen. Aus dieser Haltung heraus folgt immer eine negative Grundstimmung. Sie fangen auf einmal an, bei Ihren Mitmenschen Probleme zu sehen und zu schaffen. Dabei verschieben Sie nur Ihre eigene Resignation und Problematik.

Fangen Sie stattdessen wieder an zu leben, überlegen Sie, was Ihnen Spaß macht, lachen Sie! Schaffen Sie sich Freiräume, in denen Sie sich unabhängig von ihrem Partner und den Kindern entfalten können. Schenken Sie sich selbst und Ihrem Tun Anerkennung, seien Sie unbekümmert und sorgenfrei!

Seien Sie egoistisch!

Sie werden spüren, je mehr Sie sich wieder frei und ungezwungen entfalten, bewegen und Freude haben, je mehr Sie wirklich von dem tun, was Ihnen Spaß macht, desto weniger Raum werden in Ihrem beruflichen und privaten Leben Frustration, Anspannung, Stress und Konflikte einnehmen. Lassen Sie die Lebensfreude in Ihrem Leben wieder einen wichtigen Raum einnehmen. Gönnen Sie es sich, glücklich zu sein, lassen Sie los!

Kinder stehen unter unserem Einfluss

Kinder erspüren die Enge und den Druck von außen sehr stark. Auch sie sind schon sozialen und gesellschaftlichen Zwängen unterworfen. Hinzu kommen noch spezielle Anforderungen, Anweisungen, Drohungen und Befürchtungen durch Eltern, Lehrer, Freunde, aber auch die Erwartungshaltung in der Familie. Die Frustration des Kindes wird immer größer, weil es gar nicht allen Anforderungen gerecht werden kann. Frustration steht oft am Anfang einer Störung, sei es im Bereich der vielen verschiedenen Verhaltensmuster, aber auch im körperlich-seelischen Bereich. Für das Selbstbewusstsein der Kinder ist es aber wichtig, den Zugang zur eigenen inneren Kraft zu finden.

Es fördert nicht unbedingt die Eigenentwicklung des Kindes, wenn Sie als Eltern es immer umsorgen und alle Probleme aus dem Weg räumen. Kinder wollen selbst spüren, welche Bedürfnisse sie zu welchem Zeitpunkt haben und wie sie sie befriedigen können.

155

Positive Wege einschlagen

Sollten Sie negative Verhaltensmuster an Ihrem Kind wahrnehmen, überprüfen Sie doch einmal, ob es in dem bestehenden Tagesablauf überhaupt noch genug geschützten Freiraum hat. Es braucht auch Raum für Langeweile, in dem die Gedanken sich frei entfalten können, Raum, um sich selbst zu spüren und wahrzunehmen.

Machen Sie Ihrem Kind klar, dass es ein gewisses Maß an Frustration aushalten muss, es gehört zum Lernprozess des Erwachsenwerdens. Aus der Verantwortung, die es für sich selbst übernimmt, und nur aus dieser Selbstverantwortung heraus, hat es von sich aus Möglichkeiten und Fähigkeiten, aus der eigenen Frustration auszusteigen. Unterstützen Sie Ihr Kind in seiner Selbstwahrnehmung und Verantwortung. Erarbeiten Sie gemeinsam Lösungsmodelle, Möglichkeiten und Strategien zur Problembewältigung, verstärken Sie die positive Selbstwahrnehmung.

Freiräume schaffen

Die Erziehung der Kinder zu selbstbewussten Menschen sollte das Ziel aller Eltern sein. Damit geben sie ihrem Nachwuchs das beste Mittel an die Hand, damit sie später ihr eigenes Leben meistern können.

Oder haben Sie eventuell vor lauter Überfürsorglichkeit für viel zu viel Programm gesorgt und vergessen, wie wichtig Freiräume für die Entwicklung der Persönlichkeit Ihres Kindes sind? Denken Sie daran: Weniger an Angebot steht oft für mehr eigene Kreativität.

Lassen Sie Ihr Kind entscheiden, stärken Sie sein Bewusstsein, sich selbst zu spüren und wahrzunehmen. Es bestehen schon so viele Zwänge durch das Gesellschafts- und Schulsystem. Denken Sie nicht weiter, Sie müssten Ihrem Kind alles, was der Markt aufweist, auch anbieten. Stärken Sie bei Ihrem Kind das Selbstbewusstsein, eigene Fähigkeiten, Talente und Begabungen zu erspüren, und fördern Sie diese.

Ihr Kind hat seine eigenen Anlagen mit in dieses Erdenleben hineingebracht, und diese haben nichts mit unseren eigenen erfüllten oder unerfüllten Wünschen und Sehnsüchten zu tun. Vertrauen Sie darauf, dass das Kind einfach zum richtigen Zeitpunkt seine Entwicklungsschritte selbst bestimmt.

Seien Sie voller Vertrauen. Aus diesem Vertrauen heraus schenken Sie Sicherheit. Diese innere Sicherheit, die Sie dem Kind so
auf seinem Lebensweg mitgeben, wird sein bester Begleiter
sein. Es wird sich selbst spüren und wahrnehmen, seine Intuition verstärken, selbst Möglichkeiten finden, auch negative Begebenheiten aus einem anderen Blickwinkel zu sehen.

*Für das Leben
gut gerüstet
sind Kinder, die
gelernt haben,
eigene Ent-
scheidungen zu
treffen und
selbst für ihr
Wohlergehen
zu sorgen.*

Erziehung zu selbstbewussten Menschen

Aus sich selbst schöpfend können Kinder so die in jedem
Moment für sie selbst richtige Entscheidung treffen. Damit
besitzen sie das Potenzial, mit dem sie alle Schwierigkeiten
und Probleme, auf die sie noch während ihres Lebensweges
stoßen, werden meistern können. Sollten sie diese Erkenntnis
tatsächlich verinnerlicht haben, stehen ihnen in ihrem Leben
alle erdenklich guten Türen und Kanäle offen.

Über die Autorin

Die Heilpraktikerin und Lehrerin für Meditatives Atmen und Entspannen, Dagmar Arendt, bietet seit Jahren Entpannungskurse für Vorschulkinder, Schulkinder, Jugendliche und Erwachsene an. In ihrer Praxis arbeitet sie überwiegend im Bereich der Hypnosetherapie, der Akupunktur und Reflexzonentherapie.
Gewidmet ist dieses Buch in Liebe und Dankbarkeit ihren vier Kindern Verena, Kristina, Moritz und David.

Fortbildung

Für Mütter oder Väter die mit den eigenen Kindern Erfahrungen machen wollen, aber auch für Personen die mit Kindern arbeiten, bietet die Autorin Wochendseminare in ihrer Praxis an. Auch Interessierte an einem Intensivwochenende für Meditatives Atmen und Entspannen für Erwachsene (auch für Laien), wenden sich schriftlich an:
Dagmar Arendt, Münchner Str. 118, 85435 Erding

Hinweis

Das vorliegende Buch ist sorgfältig erarbeitet worden. Dennoch erfolgen alle Angaben ohne Gewähr. Weder die Autorin noch der Verlag können für eventuelle Nachteile oder Schäden, die aus den im Buch gemachten Hinweisen resultieren, eine Haftung übernehmen.

Die Schreibweise folgt den neuen Regeln der Rechtschreibung.

Bildnachweis

Alle Illustrationen sind von Susanna Grigoletto, München.
Fotos: Transglobe, Hamburg: 8 (Fotopic-realesed), 52 (Ivo Hanak); Mauritius, Mittenwald: 18 (Frauke), 118 (SST), 128 (Age); Das Fotoarchiv, Essen: 26 (Wolfgang Schmidt), 36, 44 (Andreas Riedmiller), 62 (Henning Christoph), 72 (Friedrich Stark), 90 (Anne Koch), 98 (Tobias Gremme); Visum, München: 82 (Thomas Pflaum); Bilderberg Hamburg: 108 (Nomi Baumgärtl); Heidi Velten, Isny: 138, 146

Impressum

© 1998 Südwest Verlag GmbH in der
Verlagshaus Goethestraße GmbH & Co. KG, München
Alle Rechte vorbehalten.
Nachdruck – auch auszugsweise – nur mit Genehmigung des Verlags.

Redaktion: Silke Weidner
Projektleitung: Ernst Dahlke
Redaktionsleitung: Nina Andres
Bildredaktion: Bettina Huber
Umschlag und Innenlayout: Manuela Hutschenreiter
DTP-Produktion: AVAK Publikationsdesign, München
Produktion: Manfred Metzger

Printed in Germany

ISBN 3-517-07621-X

Register

Aggressionen 28, 110, 116f., 130, 140
Alpträume 72, 74, 90, 92ff.
Anforderungen, gesellschaftliche 12, 34
Angstbewältigung 70f.
Ängste 10, 28, 62, 64, 70f., 90, 92, 100, 107, 111, 117, 127, 151
Ängstlichkeit, vorgelebte 71
Anspannung 20, 146
Arbeitslosigkeit 110
Atmen, meditatives 15ff., 29, 39
Ausdrucksvermögen, körperliches 15
Ausgeglichenheit, geistige 80
Ausgelacht werden 28, 35
Autogenes Training 16

Begabungen fördern 64
Betriebsamkeit, hektische 11f., 64, 120
Bettnässen 72, 74
Bewegungsmangel 74
Blockaden 15f.
Brutalität 110

Computer 72, 74

Differenzen, Erleben von 126
Durchblutung anregen 16

Eifersucht auf Geschwister 138, 140, 145
Eigenverantwortung 61, 89, 128, 130f.
Ein-Kind-Familie 54
Einsamkeit 12
Einschlafrituale 7, 97, 148ff.
Einschlafstörungen 101
Eltern als Spiegel ihrer Kinder 13
Eltern, Rolle der 154ff.
Empfindungsspektrum 110
Entfaltungsmöglichkeiten 11
Entspannung 8ff., 15ff., 20, 39, 80, 152
Entspannungsübung
– bei Alpträumen 92ff.
– bei Ängsten 65
– bei Familienkonflikten 122
– bei gesundheitlichen Problemen 20f.
– bei Konfliktsituationen 46ff.
– bei Reizüberflutung 75f.
– bei Rivalität unter Geschwistern 141f.
– bei Schulangst 101ff.
– bei Schuldgefühlen 131
– bei Selbstzweifeln 55f.
– bei Trennungen 85f.

– bei Umgang mit Gewalt 111f.
– beim Gefühl des Versagens 38ff.
– zur Steigerung des Selbstwertgefühls 28f.
Entspannungsübungen allgemein 7, 13, 16
Entwicklungsschub nach Krankheit 25
Erschöpfung 15

Familie, Stellenwert der 121
Familienkonferenzen 127
Familienkonflikte siehe Konflikte bewältigen
Familienzusammenhalt 120
Feenmethode 151
Fehlverhalten erkennen 137
Feierabend 12
Fernsehen 72, 74, 80f., 110
Freizeitdruck 10ff., 80f.
Freunde, Bedeutung der 84f.

Geborgenheit vermitteln 26, 35, 62, 70, 72, 82, 97f., 127, 145, 152
Gedächtnis trainieren 15
Gefühl des Versagens 38ff.
Gelassenheit 13, 20, 25, 148

Genesung unterstützen 24f.
Geschwister 138, 140f.
Gewalt 108, 116f.
Gewaltbereitschaft 110

Harmonie 8ff., 17, 126, 141, 145, 148
Hyperaktivität 15

Impulse, positive, setzen 25

Kinder als Vorbilder für Eltern 61
Kompromisse schaffen 46
Konflikte 6, 28, 151
– bewältigen 44, 46, 51, 120f.
Konzentrationsfähigkeit trainieren 15, 80
Konzentrationsprobleme 28
Körperhaltung korrigieren 16
Körperwahrnehmungen/-bewusstsein 7, 16f., 80
Krankheiten bewältigen 18ff.
Kreativität fördern 15, 80f.
Kritik
– lernen 28, 34f.
– vermeiden 6, 117, 148

Langeweile 80, 156
Lärm, Dauerberieselung durch 12, 64

Register

Leistungsdruck 10, 12, 98, 100f.
Leistungsfähigkeit 80
Leistungsschwäche, Ursachen für 107
Leistungswillen fördern 106f.
Loslassen, liebevolles 13f.
Loslassgeschichte
– bei Alpträumen 94ff.
– bei Ängsten 66ff.
– bei Familien- konflikten 123ff.
– bei gesundheit- lichen Problemen 22ff.
– bei Konflikt- situationen 48ff.
– bei Reizüberflutung 76ff.
– bei Rivalität unter Geschwistern 142ff.
– bei Schulangst 103ff.
– bei Schuldgefühlen 132ff.
– bei Selbstzweifeln 56ff.
– bei Trennungen 86ff.
– bei Umgang mit Gewalt 112ff.
– beim Gefühl des Versagens 40ff.
– zur Steigerung des Selbstwertgefühls 30ff.
Loslassgeschichten allgemein 7, 13, 16f.

Medien, Umgang mit 80f.
Meditation 16
Minderwertigkeits- gefühle 28
Mitleid 110

Motorik des Kindes 80, 100
Muskeltics 28
Mutter-Kind- Beziehung 10f.

Nachmittagsaktivitä- ten, Ideen für 81
Nervosität 15
Nestwärme 71, 127, 145
Neuorientierung 84

Partnerschaft 120, 126f.
Persönlichkeit des Kindes festigen 61
Pessimismus 64
Phantasie fördern 15
Phobien 64
Probleme verarbeiten 44
Psychopharmaka 11

Reifungsprozess, see- lisch-geistiger 28
Reizüberflutung 12f., 64, 74ff., 80, 97
Reuegefühle 137
Rituale am Abend 97
Ruhe 8, 12f., 17, 25, 72
Ruheübung 16, 20f., 28f., 38ff., 47f., 55f., 65, 75f., 85f., 92ff., 101ff., 111f., 122, 131f., 141f.

Scheidung 84, 118
Schlaf als Phase der Regeneration 7, 149
Schlafplatz 149f.
Schlafstörungen 6, 15, 28
Schmerzzustände lin- dern 16
Schmusetieratmung 152f.
Schockerlebnisse 90

Schulangst 100f.
Schuldgefühle 118, 121, 130f., 136f.
Schwächen akzep- tieren 43, 111, 117
Schwangerschaft 10, 140
Selbstbestrafung als Selbstreinigungs- versuch 131
Selbstbewusstsein, fehlendes 101
Selbstheilungskräfte anregen 16, 18, 149
Selbstständigkeit 7
Selbstvertrauen fin- den 36ff., 46, 52, 55, 64, 82, 85
Selbstwahrnehmung des Kindes 61
Selbstwertgefühl 15, 17, 26ff., 35, 85, 106, 118, 156
Selbstzweifel 54, 61
Sicherheit vermitteln 34f., 70f., 82, 152
Spannungen lösen 35
Spannungen, familiäre 118
Spannungsübungen, isometrische 16
Spielwelt, kindliche 80f.
Spontaneität 80, 92
Sprachschwierigkei- ten 28
Stärke, innere 51
Streiten 51, 121, 126f., 130
Stress 10ff., 20, 146
Stressabbau 13
Stressfaktoren 10f., 13, 121

Tod 84, 130
Träume 97 siehe auch Alpträume
Trennungen 82, 84ff., 110, 118, 130

Trennungsängste überwinden 89

Umfeld
– familiäres 6, 17, 62, 148
– soziales 10, 34f., 62, 84, 98, 100
Umziehen am Abend 150
Unsicherheit als Angstursache 64, 90
Urvertrauen 98, 152

Veränderungen akzeptieren 82, 84ff.
Vereinsamung 110
Verlassensängste 71, 107
Versagen bewältigen 38ff.
Versagensangst 136
Verspannungen 15f.
Vertrauen signalisie- ren 54, 61, 70, 152
Visualisierungen 16
Vorlesen 151f.

Wahrnehmung
– ganzheitliche 16
– positive 61, 92, 106
Wärme vermitteln 71
Wärmegefühl 39
Warnsignale, körper- liche 15
Wertschätzung von außen 85
Wohlbefinden, kör- perliches/seelisches 16, 36
Wunschkind 54f.

Yoga 16

Zerreißproben 6
Zufriedenheit, innere 17
Zuwendung 117, 140